MICHAELIS

FRANCÊS
GRAMÁTICA PRÁTICA

Jelssa Ciardi Avolio
(Mestre em Lingüística Aplicada ao Ensino de Línguas
pela Pontifícia Universidade Católica de São Paulo)

Mára Lucia Faury
(Doutora em Literatura pela Université de Paris III
Sorbonne-Nouvelle)

MICHAELIS

FRANCÊS

GRAMÁTICA PRÁTICA

Revisão técnica: Mônica Galliano Hehnes

MELHORAMENTOS

Capa: Jean E. Udry

© 1999 Jelssa Ciardi Avolio e Mára Lucia Faury

© 2002 Editora Melhoramentos Ltda.

Atendimento ao consumidor:
Caixa Postal 2547 – CEP 01065-970 – São Paulo – SP – Brasil

Edição: 11 10 9 8 7 6 5

Ano: 2006 05 04 03

Ix-VII

ISBN: 85-06-03443-4

Impresso no Brasil

Impressão e Acabamento: Quebecor World São Paulo

A nossos alunos, que tanto nos
nos
nos dão tantas
e, de certa fo
nos levaram a escrever esta obr
Nosso carinho, nossa paixão!

SOMMAIRE
(Sumário)

INTRODUCTION
(INTRODUÇÃO)

Com o advento da abordagem comunicativa no campo do ensino das línguas estrangeiras nos anos 80, a gramática deixou de ocupar o lugar fundamental de linhas teóricas anteriores. Os primeiros livros didáticos com essa orientação metodológica não elencavam em seu conteúdo regras explícitas. Muitas vezes seguiam uma progressão tradicional, mas, como esta vinha mascarada, não se encontrava uma metalinguagem gramatical.

Ao longo de anos de trabalho na formação de alunos universitários de cursos de Letras, pudemos sentir, todavia – assim como alguns dos colegas que nos rodeiam –, a falta de uma descrição gramatical básica que fundamentasse os conteúdos programáticos de língua francesa em seus diversos níveis.

O objetivo deste trabalho é, pois, fornecer a professores e estudiosos da língua francesa um instrumento de consulta rápida que lhes permita elucidar dúvidas sobre pontos gramaticais precisos. Longe de ser exaustiva, esta obra apresenta, de forma sintética, elementos fundamentais que possam constituir problemas para leitores de língua portuguesa. Foi assim que procuramos estruturá-la como uma obra de consulta sobre a gramática francesa, apontando alguns aspectos contrastivos entre a língua francesa e a língua portuguesa.

Em relação à escolha do vocabulário, procuramos privilegiar o léxico presente em situações de comunicação do cotidiano. Quanto aos níveis de linguagem, restringimo-nos ao francês *standard*, deixando de lado os registros *familier*, *argotique* e *vulgaire*, pelas limitações de uma obra com objetivos tão específicos.

Embora o nível sintático não tenha sido o prioritário, anexamos frases completas ou enunciados mais longos sempre que se fez necessário um contexto maior para a compreensão dos aspectos enfocados em determinado item gramatical.

Embora o nosso ponto de partida tenha sido o de fornecer apenas algumas pistas para elucidação de dúvidas pontuais, procuramos sempre que possível incluir definições básicas dos principais pontos constituintes da gramática francesa.

Para a realização desta obra, foram consultados desde clássicos da gramática francesa até os mais recentes livros didáticos de caráter gramatical voltados para o ensino do francês como língua estrangeira e materna, tendo em vista a nossa meta de construir uma obra de referência.

Jelssa Ciardi Avolio
Mára Lucia Faury

I - L'ARTICLE
(O ARTIGO)

Artigo é uma palavra variável que precede o substantivo, indicando seu gênero e número. O artigo individualiza o substantivo de duas maneiras diferentes: ou de forma precisa, definida (artigo definido), ou de maneira imprecisa, indefinida (artigo indefinido e partitivo).

1. L'article défini (O artigo definido)

O artigo definido é utilizado para se referir a um ser determinado dentre outros da mesma espécie.

GÊNERO/ NÚMERO	ARTIGO	
M.Sg.	LE (O)	L'(O ou A)
F.Sg.	LA (A)	
M./F.Pl.	LES (OS ou AS	

Emprego do artigo definido:

- **le**: diante de substantivos no masculino singular, começados por consoante ou *h aspiré*[1]:
  le père (o pai); *le héros* (o herói); *le hasard* (o acaso)

---

[1] O *h aspiré* é um som aspirado que não existe mais em francês moderno, mas que ainda impede a ligação e a elisão de algumas palavras. Consulte no Apêndice a relação das palavras iniciadas por *h aspiré* mais usadas.

- *la*: diante de substantivos no feminino singular, começados por consoante ou *h aspiré*:
    la mère (a mãe); *la hauteur* (a altura)

- *l'*: diante de substantivos no masculino ou feminino singular, desde que começados por vogal ou *h* mudo (não pronunciado), os artigos *le* e *la* se elidem:
    l'élève (o aluno); *l'église* (a igreja);
    l'homme (o homem); *l'hiver (o inverno);*
    l'hôpital (o hospital); l'hélice (a hélice)

MAS não sofrem elisão: *le onzième* (o décimo primeiro);
                               le huitième (o oitavo)

- *les*: diante de um substantivo, masculino ou feminino, no plural:
    les pères (os pais); *les héros* (os heróis); *les élèves* (os alunos); *les hommes* (os homens); *les mères* (as mães); *les hauteurs* (as alturas); *les églises* (as igrejas); *les hélices* (as hélices)

- O artigo definido ainda é usado em francês para indicar:

1) datas:
    Aimée revient le 9 novembre.
    Aimée volta no dia 9 de novembro.

    la veille (na véspera)

    le mois prochain (no mês que vem)

    la semaine dernière (na semana passada)

2) freqüência:
>*le dimanche* (no domingo ou aos domingos)

3) exclamação:
>*La belle fille!*
>Que linda garota!
>
>*Oh! le beau discours!*
>Oh! que lindo discurso!

OBSERVAÇÃO

Diante de nomes de pessoas precedidos ou não de *Monsieur* (Senhor), *Madame* (Senhora), *Mademoiselle* (Senhorita), o artigo definido não é empregado em francês, ao contrário do português:

>*Paul est déjà venu?*
>O Paulo já veio?
>
>*Le livre est à Joseph.*
>O livro é do José.
>
>*Tu as parlé à Hélène?*
>Você falou com a Helena?
>
>*Madame Dubois est malade.*
>A Senhora Dubois está doente.

MAS
é empregado diante de títulos e profissões:

>*Le Docteur Dupont est là.*
>O Doutor Dupont está aí.
>
>*Le Professeur Duteuil n'est pas venu.*
>O Professor Duteuil não veio.

• O artigo definido não é empregado em francês diante de pronomes possessivos em função adjetiva, ao contrário do português, em que é facultativo:

> *Mes parents sont déjà arrivés.*
> Meus pais já chegaram (ou: Os meus pais já chegaram).

> *Tu as apporté **nos** valises?*
> Você trouxe nossas malas? (ou: Você trouxe as nossas malas?)

> *Ma cousine n'est pas venue.*
> Minha prima não veio (ou: A minha prima não veio).

> *Ton frère aîné est en Europe?*
> Teu irmão mais velho está na Europa?
> (ou: O teu irmão mais velho está na Europa?)
> (ou: O seu irmão mais velho está na Europa?)
> (ou: Seu irmão mais velho está na Europa?)

• A posição do artigo definido em francês é outra, diferente da posição em português, em expressões do tipo:

> *Monsieur **le** Ministre*
> O senhor Ministro

> Monsieur **le** Président de la République
> O senhor Presidente da República

• O artigo se repete em francês:

•• Em expressões comparativas:

> *Le garçon **le** plus intelligent*
> O menino mais inteligente

> *La femme **la** moins sensible*
> A mulher menos sensível

•• Diante de substantivos de uma série:

> *Le cheval, l'âne et la brebis*
> O cavalo, o asno e a ovelha...

MAS não se repete mesmo diante de substantivos de uma série:

•• se designarem o mesmo ser:
> *Le collègue et ami*
> O colega e amigo

•• se o dois substantivos formarem um conjunto:
> *Les arts et métiers*
> As artes e os ofícios

•• se o segundo substantivo for a explicação do primeiro:
> *Le RER ou réseau Express Regional*
> O RER ou Rede Expressa Regional

PARTICULARIDADES

avoir le temps de ter tempo para	*avoir la grippe* estar com gripe
avoir la télévision ter televisão	*avoir le téléphone* ter telefone
avoir les larmes aux yeux ter lágrimas nos olhos	*fumer la pipe* fumar cachimbo
avoir l'occasion de ter oportunidade de	

MAS
perdre haleine – perder o fôlego
perdre patience – perder a paciência

• Em alguns casos o artigo definido em português corresponde a um possessivo em francês:

>   *Denise cherche **ses** parents.*
>   Denise está procurando **os** pais.

>   *Mettez **vos** gants.*
>   Coloque **as** luvas.

• *Les articles contractés (Os artigos preposicionados)*

Os *articles contractés* (artigos preposicionados) são o resultado da reunião de dois elementos: as preposições francesas *à* e *de* com os artigos definidos, assumindo as seguintes formas:

	Tradução			Tradução
à + le = au	ao, no		de + le = du	do
à + la = à la	à, na		de + la = de la	da
à + l' = à l'	ao, à, no, na		de + l' = de l'	do, da
à + les = aux	aos, às, nos, nas		de + les = des	dos, das

>   *Je viens **du** cinéma et je vais **au** théâtre.*
>   Eu estou vindo do cinema e vou ao teatro.

>   *Alice va **à la** piscine tous **les** jours.*
>   Alice vai à piscina todos os dias.

>   *Où est l'arrêt de bus le plus proche **de l'**université?*
>   Onde fica o ponto de ônibus mais próximo **da** universidade?

>   ***Aux** Antilles il fait très beau.*
>   **Nas** Antilhas faz tempo bom.

Não confundir:

D E S	contração da preposição *de* com o artigo definido plural *les*	*Le 12 octobre c'est la fête **des** enfants.* Doze de outubro é o dia **das** crianças.
D E S	artigo indefinido plural	*Il y a des enfants qui pleurent tout le temps.* Há crianças que choram o tempo todo.

2. L'article indéfini (O artigo indefinido)

O artigo indefinido é usado para se referir a um ser qualquer entre outros da mesma espécie.

GÊNERO/NÚMERO	ARTIGO
M.Sg.	UN (UM)
F.Sg	UNE (UMA)
M./F.Pl.	DES

Emprego do artigo indefinido:

• **un**: diante de substantivos no masculino singular:

> **un** *tapis* (um tapete); **un** *autobus* (um ônibus);
> **un** *maire* (um prefeito)

• *une*: diante de substantivos no feminino singular:

> *une serviette* (uma toalha); *une imprimante* (uma impressora); *une robe* (um vestido)

• *des*: diante de substantivos no masculino ou no feminino plural. Esta forma geralmente não é traduzida em português:

> *des coussins* (almofadas); *des poupées* (bonecas); *des pantoufles* (pantufas)

Como em português, diante de substantivos que expressam nacionalidade, profissão e religião omite-se o artigo indefinido, exceto se o sujeito for o pronome *ce*:

Liliane est médecin.	*C'est **un** médecin.*
Liliane é médica.	É **uma** médica.
Denis est Français.	*C'est **un** Français.*
Denis é francês.	É **um** francês.
Dominique est catholique.	C'est *un* catholique.
Dominique é católico.	É **um** católico.

3. L'article partitif (O artigo partitivo)

Os artigos partitivos são usados diante de substantivos abstratos e de substantivos concretos para indicar uma quantidade indeterminada, isto é, que se trata de uma parte e não da totalidade. Não existem em português formas equivalentes aos artigos partitivos franceses.

GÊNERO/ NÚMERO	ARTIGO	
M.Sg.	DU	DE L'
F.Sg.	DE LA	
M./F.Pl.	DES	

Emprego do artigo partitivo:

• *du*: diante de substantivos no masculino singular começados por consoante ou *h aspiré*:

> *Il y a **du** bruit dans la salle des professeurs.*
> *Há barulho na sala dos professores.*

> *Michel a **du** courage.*
> *Michel tem coragem.*

> *Il faut du temps pour arriver à ses fins.*
> *É preciso tempo para atingir seus objetivos.*

• *de la*: diante de substantivos no feminino singular começados por consoante ou *h aspiré:*

> *Je mange toujours **de la** salade.*
> *Como sempre salada.*

> *Avez-vous déjà éprouvé **de la** haine?*
> *Você já sentiu ódio?*

• *de l'*: diante de substantivos no masculino ou feminino singular, desde que começados por vogal ou h mudo (não pronunciado):

*Il y a **de l'**amour dans l'air.*
Existe amor no ar.

*Il y a **de l'**encre sur la table.*
Tem tinta sobre a mesa.

*Pierre a **de l'**audace.*
Pierre tem audácia (ou: Pierre é audacioso).

• *des*: diante de substantivos no masculino ou no feminino plural:

*Prenez **des** croissants.*
Pegue croissants.

*Richard achète **des** plats cuisinés.*
Richard compra pratos prontos.

OBSERVAÇÃO

Tanto os artigos indefinidos como os partitivos se transformam em *de* nos seguintes casos:

• em frases negativas:

*Léonore a **des** problèmes – Léonore **n'**a **pas de** problèmes.*
Léonore tem problemas – Léonore **não** tem problemas.

*Yves veut **du** thé – Yves **ne** veut **pas de** thé.*
Yves quer chá – Yves não quer chá.

*Nous avons **de la** chance – Nous **n'**avons **pas de** chance.*
Nós temos sorte – Nós não temos sorte.

MAS isso não ocorre:

•• com verbos de ligação:

*Ce ne **sont** pas **des** amis.*
Não são amigos.

•• quando não se tratar de uma negação absoluta, isto é, se houver uma idéia afirmativa apesar da estrutura negativa:

*Yves ne veut pas du thé, **mais du** café.*
Yves não quer chá, mas café.

• depois de advérbios de quantidade:

*Claudine a **peu de** problèmes.*
Claudine tem poucos problemas.

*Nous avons **assez d'**argent.*
Nós temos bastante dinheiro.

*Tu manges **trop de** chocolat.*
Você come chocolate demais.

MAS isso não ocorre com bien:

***Bien des** gens pensent comme toi.*
Muitas pessoas pensam como você.

Exceto se o substantivo vier precedido da palavra autres:

*J'ai reçu **bien d'autres** plaintes.*
Eu recebi muitas outras reclamações.

II - LE NOM
(O SUBSTANTIVO)

O substantivo é a palavra que nomeia, designa os seres em geral.

Annie; *singe* (macaco); *métro* (metrô); *Suisse* (suíço)

Os substantivos são classificados em:

• *noms **communs*** (substantivos comuns): aqueles que se aplicam a todos os seres de uma mesma espécie:

école (escola); *araignée* (aranha); *tabouret* (banquinho); *femme* (mulher)

• *noms **propres*** (substantivos próprios): aqueles que se aplicam a determinados indivíduos da espécie:

Michel; *Marseille*; *Seine*

• *noms **concrets*** (substantivos concretos): aqueles que designam os seres propriamente ditos:

homme (homem); *Sandrine*; *rideau* (cortina)

• *noms **abstraits*** (substantivos abstratos): aqueles que designam ações, estados, qualidades, não considerados como seres:

production (produção); *douleur* (dor); *tendresse* (ternura)

• *noms **collectifs*** (substantivos coletivos): são substantivos comuns que, no singular, do ponto de vista gramatical, designam um **conjunto** de seres ou coisas da mesma espécie:

foule (multidão); *groupe* (grupo)

• *noms* **simples** (substantivos simples): são substantivos formados por uma só palavra:

   un contretemps (um contratempo)

• *noms* **composés** (substantivos compostos): são substantivos formados por duas ou mais palavras reunidas para designar um único ser, uma única coisa, podendo ser escritos com ou sem hífen em francês:

   un wagon-restaurant (um vagão-restaurante)
   un clin d'œil (uma piscada)

1. Le genre du nom (O gênero do substantivo)

Há dois gêneros em francês: masculino e feminino.

   Pierre; **le** *clavier* (o teclado); **le** *doigt* (o dedo)
   le *perroquet* (o papagaio); **le** *jardin* (o jardim)

   Louise; **la** *maison* (a casa); **la** *chaise* (a cadeira)
   la *fleur* (a flor); **la** *girafe* (a girafa)

• Geralmente o feminino do substantivo em francês forma-se acrescentando-se ao masculino um *e* mudo, isto é, não-pronunciado.

Masculino	Feminino	Tradução
un ami	*une amie*	um amigo, uma amiga

• Alguns substantivos terminados em **-n** e em **-t** dobram a consoante final no feminino:

Masculino	Feminino	Tradução
comédien	*comédienne*	ator, atriz, comediante
cochon	*cochonne*	porco, porca
paysan	*paysanne*	camponês, camponesa
chat	*chatte*	gato, gata

• Os substantivos terminados em **-er** e **-ier** adquirem no feminino um acento grave no penúltimo e:

Masculino	Feminino	Tradução
berger	*bergère*	pastor, pastora
boulanger	*boulangère*	padeiro, padeira
fermier	*fermière*	fazendeiro, fazendeira
ouvrier	*ouvrière*	operário, operária

• Os substantivos terminados em **-x** fazem o feminino em -se:

Masculino	Feminino	Tradução
époux	*épouse*	esposo, esposa

• Os substantivos terminados em **-eur** têm o feminino de três modos diferentes:

•• alguns fazem o feminino em-*euse*:

Masculino	Feminino	Tradução
chanteur	*chanteuse*	cantor, cantora
vendeur	*vendeuse*	vendedor, vendedora
pêcheur	*pêcheuse*	pescador, pescadora

•• outros fazem o feminino em -*ice*:

Masculino	Feminino	Tradução
acteur	*actrice*	ator, atriz
ambassadeur	*ambassadrice*	embaixador, embaixatriz
directeur	*directrice*	diretor, diretora
protecteur	*protectrice*	protetor, protetora

•• e outros, ainda, fazem o feminino em -*esse*:

Masculino	Feminino	Tradução
chasseur	*chasseresse*	caçador, caçadora
pécheur	*pécheresse*	pecador, pecadora

• Todos os substantivos terminados em *-et* dobram o *-t* ao passarem para o feminino:

Masculino	Feminino	Tradução
minet	*minette*	gato, gata
poulet	*poulette*	frango, franga

• Alguns substantivos têm seu feminino diferente da forma do masculino. Enquanto a maioria conserva o mesmo radical mudando apenas a terminação, outros mudam até mesmo de radical:

Masculino	Feminino	Tradução
abbé	*abbesse*	abade, abadessa
bélier	*brebis*	carneiro, ovelha
bouc	*chèvre*	bode, cabra
cerf	*biche*	cervo, corça
cheval	*jument*	cavalo, égua
comte	*comtesse*	conde, condessa
coq	*poule*	galo, galinha
dieu	*déesse*	deus, deusa
docteur	*doctoresse*	doutor, doutora
duc	*duchesse*	duque, duquesa
empereur	*impératrice*	imperador, imperatriz

Masculino	Feminino	Tradução
fils	*fille*	filho, filha
frère	*sœur*	irmão, irmã
garçon	*fille*	menino, menina
gendre	*bru*	genro, nora
héros	*héroïne*	herói, heroína
homme	*femme*	homem, mulher
lièvre	*hase*	lebrão, lebre
loup	*louve*	lobo, loba
mari	*femme*	marido, mulher
mulet	*mule*	mulo, mula
neveu	*nièce*	sobrinho, sobrinha
oncle	*tante*	tio, tia
parrain	*marraine*	padrinho, madrinha
père	*mère*	pai, mãe
prince	*princesse*	príncipe, princesa
roi	*reine*	rei, rainha
sanglier	*laie*	javali, javalina (ou gironda)
serviteur	*servante*	criado, criada
singe	*guénon*	macaco, macaca

Masculino	Feminino	Tradução
taureau	*vache*	touro, vaca
tigre	*tigresse*	tigre, tigresa
veau	génisse	bezerro, bezerra

• Alguns substantivos devem vir acompanhados de um qualificativo que determina o gênero: *mâle* (macho) e *femelle* (fêmea). Em português são conhecidos como substantivos epicenos, pois apresentam um só gênero gramatical para designar a espécie de um animal:

Masculino	Feminino	Tradução
*alligator **mâle***	*alligator **femelle***	jacaré
*baleine **mâle***	*baleine **femelle***	baleia
*serpent **mâle***	*serpent **femelle***	serpente, cobra

PARTICULARIDADES

• Certos substantivos, principalmente aqueles que designam uma profissão ou uma ocupação, não possuem um feminino particular. Assim, este é formado:

•• com o emprego da palavra *femme*:

*un auteur – une **femme** auteur* (um autor, uma autora)
*un peintre – une **femme** peintre* (um pintor, uma pintora)

•• com o emprego optativo das palavras Monsieur ou Madame:

Monsieur le Proviseur – **Madame** le Proviseur
Diretor – Diretora (de escola de segundo grau)

Monsieur le Principal – **Madame** la Principal
Diretor – Diretora (de escola primária)

Monsieur le Professeur – **Madame** le Professeur
Professor – Professora

Monsieur le Sénateur – **Madame** le Sénateur
Senador – Senadora

• Certos substantivos têm a mesma forma no masculino e no feminino, alterando-se apenas o artigo que os precede, dependendo do gênero do ser que se quer designar:

un enfant, **une** enfant (uma criança)
un dentiste, **une** dentiste (um dentista, uma dentista)
un martyr, **une** martyr (um mártir, uma mártir)

• Outros substantivos têm um único gênero gramatical, sendo empregados para designar os dois gêneros:

     un médecin (um médico, uma médica)
     un agent (um policial, uma policial)
     un témoin (uma testemunha)
     un apôtre (um apóstolo)
     un individu (um indivíduo)
     un être (um ser)
     un bourreau (um verdugo)
     une victime (uma vítima)

- Algumas palavras são indiferentemente utilizadas nos dois gêneros:

  un ou *une après-midi* (uma tarde)

  un ou *une alvéole* (um alvéolo)

- Algumas palavras possuem um sentido no masculino e outro no feminino:

  un manœuvre – um servente de pedreiro

  une manœuvre – uma manobra

  un poêle – um aquecedor

  une poêle – uma frigideira

  un crêpe – um crepe (tecido)

  une crêpe – uma panqueca

  un manche – um cabo

  une manche – uma manga (de roupa)

  un pendule – um pêndulo

  une pendule – um relógio de sala

  une poste – uma agência de correio

  un poste – um posto (função)

  un voile – um véu

  une voile – uma vela

- Algumas palavras mudam de gênero ao passar do singular ao plural:

  amour, délice, orgue

  Un amour malheureux (Um amor infeliz)

  Des amours éternelles (Amores eternos)

Ce rôti est **un délice** (Este assado está uma delícia)
Les délices de la campagne (As delícias do campo)

Un orgue excellent (Um órgão excelente)
Jouer aux **grandes orgues** (Tocar órgãos)

- Alguns substantivos homônimos apresentam gênero diferente porque têm origem e sentido diferentes:

un livre cher (um livro caro)
une livre de beurre (uma libra de manteiga)

- O substantivo **gens** varia de acordo com a posição do adjetivo que o modifica. Quanto ao sentido é masculino, mas quanto à origem é feminino:

•• é feminino quando precedido por um adjetivo:

   les meilleures gens du monde – as melhores pessoas do mundo

•• é masculino quando o adjetivo que o precede tem apenas uma forma para os dois gêneros:

   les bons et honnêtes gens – as boas e honestas pessoas

•• é masculino se o adjetivo não o precede imediatamente:

   quels sont ces gens? – quem são estas pessoas?

•• é masculino quando o adjetivo vem depois:

   des gens mal élevés – pessoas mal-educadas

Alguns substantivos que têm um gênero em francês e outro em português:

Francês	Português
un agenda	uma agenda
un artichaut	uma alcachofra
un chou	uma couve
un garage	uma garagem
un lit	uma cama
un mur	uma parede
un nuage	uma nuvem
un pantalon	uma calça
un rideau	uma cortina
une chambre	um quarto
une pêche	um pêssego
une préface	um prefácio
une voiture	um carro

Os dias da semana em francês são masculinos:

lundi	segunda-feira
mardi	terça-feira
mercredi	quarta-feira
jeudi	quinta-feira
vendredi	sexta-feira
samedi	sábado
dimanche	domingo

O gênero das estações do ano em francês é masculino.

un printemps merveilleux	**uma** primavera maravilhosa
un été ensoleillé	**um** verão ensolarado
un automne pluvieux	**um** outono chuvoso
un hiver glacial	**um** inverno gélido

2. Le nombre du nom (O plural do substantivo)

Geralmente o plural dos substantivos comuns em francês forma-se acrescentando-se um *-s* ao singular:

un détail – des détails (um detalhe, detalhes)
un landau – des landaus (um carrinho de bebê, carrinhos de bebê)
un pneu – des pneus (um pneu, pneus)
un problème – des problèmes (um problema, problemas)
une maison – des maisons (uma casa, casas)

• O singular e o plural são iguais nos substantivos terminados em *-s, -x, -z*.

Singular	Plural	Tradução
un autobus	*des autobus*	ônibus
un bois	*des bois*	bosque, bosques
un nez	*des nez*	nariz, narizes
une noix	*des noix*	noz, nozes
un prix	*des prix*	preço, preços, prêmio, prêmios

• Os substantivos terminados em **-al** fazem o plural em **-aux**.

Singular	Plural	Tradução
cheval	*chevaux*	cavalo, cavalos
général	*généraux*	general, generais

MAS seguem a regra geral:

Singular	Plural	Tradução
bal	*bals*	baile, bailes
carnaval	*carnavals*	carnaval, carnavais
chacal	*chacals*	chacal, chacais
festival	*festivals*	festival, festivais

• Alguns substantivos terminados em **-eau, -au, -eu** e **-ou** fazem o plural acrescentando-se um **-x** ao singular:

-eau, -au, e -eu:

Singular	Plural	Tradução
cadeau	*cadeaux*	presente, presentes
feu	*feux*	fogo, fogos
veau	*veaux*	bezerro, bezerros

-ou:

Singular	Plural	Tradução
bijou	*bijoux*	jóia, jóias
caillou	*cailloux*	pedra, pedras
chou	*choux*	repolho, repolhos
genou	*genoux*	joelho, joelhos
hibou	*hiboux*	coruja, corujas
joujou	*joujoux*	brinquedo, brinquedos
pou	*poux*	piolho, piolhos

• Alguns substantivos terminados em *-ail* fazem o plural em *-aux:*

Singular	Plural	Tradução
bail	*baux*	contrato, contratos
corail	*coraux*	coral, corais
émail	*émaux*	esmalte, esmaltes
soupirail	*soupiraux*	respiradouro, respiradouros
travail	*travaux*	trabalho, trabalhos
vantail	*vantaux*	batente, batentes
vitrail	*vitraux*	vitral, vitrais

MAS:

O plural de *ail* (alho) é *ails*, sendo que a forma *aulx* é antiga.

• Alguns substantivos têm duas formas no plural:

Singular	Plural	Tradução
aïeul	*aïeux/aïeuls*	ancestral, ancestrais
ciel	*cieux/ciels*	céu, céus
oeil	*yeux/oeils*	olho, olhos

• Os substantivos compostos escritos em uma única palavra formam seu plural como os substantivos simples, isto é, com um -s.

Singular	Plural	Tradução
entresol	*entresols*	mezanino, mezaninos
gendarme	*gendarmes*	policial, policiais
parapluie	*parapluies*	guarda-chuva, guarda-chuvas

MAS:

• Em alguns substantivos compostos escritos em uma só palavra, os dois elementos variam na formação do plural:

Singular	Plural	Tradução
monsieur	*messieurs*	senhor, senhores
madame	*mesdames*	senhora, senhoras
mademoiselle	*mesdemoiselles*	senhorita, senhoritas

• Os substantivos compostos de várias palavras têm o plural formado da seguinte maneira:

a) adjetivo + substantivo

Os dois elementos levam a marca do plural:

Singular	Plural	Tradução
basse-cour	*basses-cours*	galinheiro, galinheiros
château-fort	*châteaux-forts*	fortaleza, fortalezas
coffre-fort	*coffres-forts*	caixa-forte, caixas-fortes

• Nos substantivos compostos com o adjetivo **grand**:

este permanece invariável se acompanhar um substantivo feminino:

Singular	Plural	Tradução
grand-mère	*grand-mères*	avó, avós

MAS:

Singular	Plural	Tradução
grande-duchesse	*grandes-duchesses*	grã-duquesa, grã-duquesas

• Nos substantivos compostos com o adjetivo *demi*, este permanece invariável:

Singular	Plural	Tradução
demi-journée	*demi-journées*	meio período, meios períodos
demi-sœur	*demi-sœurs*	meia-irmã, meias-irmãs

b) adjetivo + adjetivo

Os dois adjetivos levam a marca do plural:

Singular	Plural	Tradução
sourd-muet	*sourds-muets*	surdo-mudo, surdos-mudos

c) dois substantivos seguidos

Os dois elementos levam a marca do plural:

Singular	Plural	Tradução
chou-fleur	*choux-fleurs*	couve-flor, couves-flores

MAS:

Singular	Plural	Tradução
année-lumière	*années-lumière*	ano-luz, anos-luz
timbre-poste	*timbres-poste*	selo, selos

d) um substantivo + preposição + substantivo

Apenas o primeiro substantivo leva a marca do plural:

Singular	Plural	Tradução
arc-en-ciel	*arcs-en-ciel*	arco-íris
chef-d'œuvre	*chefs-d'œuvre*	obra-prima, obras-primas
pomme de terre	*pommes de terre*	batata, batatas

MAS:

Singular	Plural	Tradução
bête à cornes	*bêtes à cornes*	animal com chifre, animais com chifre
pot-au-feu	*pot-au-feu*	cozido de legumes com carne, cozidos de legumes com carne
tête-à-tête	*tête-à-tête*	conversa particular, conversas particulares

e) uma palavra invariável + um substantivo

Apenas o substantivo leva a marca do plural:

Singular	Plural	Tradução
avant-scène	*avant-scènes*	antecena, antecenas
en-tête	*en-têtes*	cabeçalho, cabeçalhos

f) dois verbos

Ambos permanecem invariáveis:

Singular	Plural	Tradução
laissez-passer	*laissez-passer*	passe, crachá, passes, crachás

g) um verbo + seu complemento

O verbo permanece invariável e o substantivo conserva, em geral, a mesma forma do singular (isto acontece, por exemplo, em alguns compostos de ***abat-, porte-***):

Singular	Plural	Tradução
abat-jour	*abat-jour*	abajur, abajures
gratte-ciel	*gratte-ciel*	arranha-céu, arranha-céus
porte-parole	*porte-parole*	porta-voz, porta-vozes

MAS:

Em certas palavras compostas dessa forma, o substantivo leva a marca do plural:

Singular	Plural	Tradução
couvre-lit	*couvre-lits*	colcha, colchas
tire-bouchon	*tire-bouchons*	saca-rolha, saca-rolhas

h) Quando a palavra for composta com o termo *garde*.

Esse elemento varia no plural quando o composto designar uma pessoa. Permanece invariável, entretanto, se a palavra composta designar uma coisa:

Singular	Plural	Tradução
garde-malade	*gardes-malades*	acompanhante[2], acompanhantes
garde-robe	*garde-robes*	guarda-roupa, guarda-roupas

i) Os substantivos compostos com o termo *presse-* são quase todos invariáveis, ficando o segundo termo ora no singular, ora no plural:

Utilizados só no singular	Tradução
presse-citron	espremedor de limão
presse-purée	espremedor de batatas

Utilizados só no plural	Tradução
presse-fruits	espremedor de frutas
presse-papiers	peso de papel

• Alguns substantivos possuem sentidos diferentes no singular e no plural:

une lunette (uma luneta) – *des lunettes* (óculos)

---

[2] Pessoa que fica cuidando de um doente.

une vacance (uma vacância) – *des vacances* (férias)
le bien (o bem) – *les biens* (as posses)

Le sculpteur se sert d'un ciseau.
O escultor utiliza um cinzel.

On utilise des ciseaux pour couper.
Utilizam-se tesouras para cortar.

• Alguns substantivos são empregados apenas no plural:

les alentours (os arredores)   *les archives* (os arquivos)
les arrhes (o depósito)   *les environs* (as proximidades)
les frais (as despesas)   *les funérailles* (o funeral)
les honoraires (os honorários)   *les obsèques* (o enterro)
les ténèbres (as trevas)   *les mœurs* (os costumes)

MAS outros são empregados apenas no singular:

la justice (a justiça)   *la viticulture* (a viticultura)
le beau (o belo)   *l'agriculture* (a agricultura)

O plural dos substantivos comuns estrangeiros é formado, em geral, como o plural dos substantivos comuns.

Singular	Plural	Tradução
album	*albums*	álbum, álbuns
pull-over	*pull-overs*	pulôver, pulôveres
référendum	*référendums*	plebiscito, plebiscitos
week-end	*week-ends*	fim de semana, fins de semana

• Alguns substantivos provenientes de línguas estrangeiras têm, no entanto, duas formas no plural: tanto o seu plural de origem como o plural em francês, mas este tende a se tornar o mais freqüente:

Singular	Plural	Tradução
dilettante	*dilettanti/* *des dilettantes*	diletante, diletantes
maximum	*maxima/* *des maximums*	máximo, máximos

Os nomes de artistas usados para designar suas obras com sentido enfático e grandiloqüente permanecem invariáveis:

    ***Les Molière** et **les Racine** sont l'image de leur temps.*
    Os Molière e os Racine são a imagem de seu tempo.

• Em todos os casos, os nomes próprios podem tomar a marca do plural[3] :

    les Napoléons, les Raphaëls, les Corneilles.

O plural de alguns substantivos acarreta uma pronúncia completamente diferente da do singular:

Singular - Pronúncia	Plural - Pronúncia
boeuf [f pronunciado]	*boeufs* [f e s não pronunciados]
oeuf [f pronunciado]	*oeufs* [f e s não pronunciados]
os [s pronunciado]	*os* [s não pronunciado]

---

[3] Segundo a portaria de 26 de fevereiro de 1901, *tolerâncias ortográficas, apud* Souché, 1957.

3. Le degré du nom (O grau do substantivo)

Quando se fala em grau com relação aos substantivos, são as **quantidades** que constituem objeto de comparação, enquanto com o adjetivo e o advérbio é a qualidade que é comparada; e, com o verbo, a ação.

Pode-se comparar dois substantivos em relação a um mesmo sujeito ou dois sujeitos em relação ao mesmo substantivo. Nos dois casos, existem três graus comparativos: de superioridade, de inferioridade e de igualdade, como se pode ver nos quadros abaixo:

```
                        +
        substantivo X  -  substantivo Y
                        =
```

```
                    +
        sujeito X  -  sujeito Y
                    =
```

3.1. Comparatif de supériorité (Comparativo de superioridade)

No comparativo de superioridade pode-se comparar:

• dois substantivos em relação a um mesmo sujeito. Coloca-se, então, o primeiro substantivo entre *plus de* e *que de*:

*Annie a **plus de** qualités **que de** défauts.*
Annie tem **mais** qualidades **que** defeitos.

- dois sujeitos em relação ao mesmo substantivo. Coloca-se, então, o substantivo comparado entre *plus de* e *que*:

> *Annie a **plus de** charme **que** Maude.*
> Annie tem mais charme que Maude.

3.2. Comparatif d'égalité (Comparativo de igualdade)

No comparativo de igualdade pode-se comparar:

- dois substantivos em relação a um mesmo sujeito. Coloca-se, então, o primeiro substantivo entre *autant* ou *tant de* e *que de*:

> *Annie a **autant** (ou **tant**) **de** qualités **que de** défauts.*
> Annie tem **tantas** qualidades **quantos** defeitos.

- dois sujeitos em relação ao mesmo substantivo. Coloca-se, então, o substantivo comparado entre *autant* ou *tant de* e *que*:

> *Annie a **autant** (ou **tant**) **de** charme **que** Maude.*
> Annie tem **tanto** charme **quanto** Maude.

3.3. Comparatif d'infériorité (Comparativo de inferioridade)

No comparativo de inferioridade, pode-se comparar:

- dois substantivos em relação a um mesmo sujeito. Coloca-se, então, o primeiro substantivo entre *moins de* e *que de*:

> *Annie a **moins de** qualités **que de** défauts.*
> Annie tem **menos** qualidades **que** defeitos.

• dois sujeitos em relação ao mesmo substantivo. Coloca-se, então, o substantivo comparado entre *moins de* e *que*:

*Annie a **moins de** charme **que** Maude.*
Annie tem **menos** charme **que** Maude.

III - L' ADJECTIF QUALIFICATIF
(O ADJETIVO)

O *adjectif qualificatif* é uma palavra variável usada para modificar, qualificar um substantivo. Expressa uma maneira de ser, uma qualidade do ser ou do objeto designado pelo nome ao qual está ligado.

> *Un bon film.*
> Um bom filme.

> *Un critère injuste.*
> Um critério injusto.

> *Un homme infidèle*
> Um homem infiel.

> *Une messe émouvante.*
> Uma missa comovente.

1. La place de l'adjectif qualificatif (A posição do adjetivo)

• Alguns adjetivos muito usuais são colocados, em geral, antes do substantivo:

> *Une belle histoire.*
> Uma bela história.

Adjetivo	Exemplo	Tradução
beau, belle	*un beau garçon*	um rapaz bonito
bon, bonne	*une bonne pizza*	uma boa pizza
grand, grande	*un grand arbre*	uma árvore grande
gros, grosse	*une grosse boîte*	uma caixa grande
haut, haute	*une haute tour*	uma torre alta
joli, jolie	*une jolie maison*	uma casa bonita
long, longue	*un long voyage*	uma viagem longa
mauvais, mauvaise	*un mauvais chemin*	um caminho errado
petit, petite	*une petite télévision*	uma televisão pequena
vieux, vieille	*un vieux meuble*	um móvel velho
vilain, vilaine	*un vilain quartier*	um bairro feio

MAS diz-se:

> *marcher la tête haute* (andar com a cabeça erguida)
> *à marée haute* (na maré alta)

• Alguns adjetivos podem ser colocados antes ou depois do substantivo mas, dependendo de sua posição na frase, seu sentido é alterado:

Adjetivo	Antes do substantivo	Após o substantivo
ancien, ancienne	*un ancien patron* (um velho patrão)	*un peuple ancien* (um povo antigo)

Adjetivo	Antes do substantivo	Após o substantivo
bas, basse	*une porte basse* (uma porta baixa)	*une basse vengeance* (uma vingança baixa, vil)
bon, bonne	*un bon chef* (um bom chefe)	*un chef bon* (um chefe bom)
brave	*un brave homme* (um homem leal, de bem)	*un homme brave* (um homem corajoso, valente)
chaud, chaude	*un plat chaud* (um prato quente)	*un chaud partisan* (um adepto entusiasta)
cher, chère	*un cher ami* (um caro amigo)	*un manteau cher* (um casaco caro)
chic	*un chic type* (um rapaz simpático)	*un type chic* (um rapaz elegante)
grand, grande	*un grand homme* (um grande homem)	*un homme grand* (um homem alto)
méchant, méchante	*un méchant écrivain* (um escritor medíocre)	*un écrivain méchant* (um escritor mau)
pauvre	*une pauvre femme* (uma pobre mulher)	*une femme pauvre* (uma mulher pobre)
simple	*un simple soldat* (um simples soldado)	*un soldat simple* (um soldado simples)
triste	*un triste personnage* (um triste personagem)	*un personnage triste* (um personagem triste)

• Os adjetivos colocados após o substantivo ao qual se referem relacionam-se a:

a) cores:
un toit rouge (um teto vermelho)

Cor	Tradução
blanc, blanche	branco, branca
bleu, bleue	azul
cyclamen	arroxeado, arroxeada
écarlate	escarlate
gris, grise	cinzento, cinzenta
jaune	amarelo, amarela
marron	marrom
mauve	roxo, roxa
noir, noire	preto, preta
orange	laranja
pourpre	púrpura
rose	rosa
rouge	vermelho, vermelha
vert, verte	verde
violet, violette	violeta

b) geografia e nacionalidades:

zone tropicale (zona tropical)
la nation française (a nação francesa)

c) religião:
la morale chrétienne (a moral cristã)

d) ciência:
l'acide sulfurique (o ácido sulfúrico)

e) administração e política:
le parti socialiste (o partido socialista)

f) arte:
un texte poétique (um texto poético)

2. Le genre de l'adjectif qualificatif (O gênero do adjetivo)

- O feminino do adjetivo é feito com a adição de um *-e* à forma masculina, como nos substantivos:

  joli (bonito), *jolie* (bonita)
  influent, *influente* (influente)
  déplacé (deslocado, inconveniente), *déplacée* (deslocada, inconveniente)
  instruit (instruído), *instruite* (instruída)

- Se o adjetivo termina no masculino com um *-e* mudo, ele não muda no feminino:

Masculino e Feminino	Tradução
difficile	difícil
facile	fácil
habile	hábil

Masculino e Feminino	Tradução
honnête	honesto, honesta
modeste	modesto, modesta
simple	simples

• Na maior parte dos adjetivos terminados em *-c*, mudo ou sonoro, esse *-c* transforma-se em *-che* no feminino.

Masculino	Feminino	Tradução
blanc	*blanche*	branco, branca
franc	*franche*	franco, franca
sec	*sèche*	seco, seca

• Em alguns adjetivos terminados em *-c* sonoro, esse *-c* transforma-se em *-que* no feminino:

Masculino	Feminino	Tradução
caduc	*caduque*	caduco, caduca
franc	*franque*	franco, franca (nação)
public	*publique*	público, pública
turc	*turque*	turco, turca

MAS o feminino de *grec* é *grecque*.

• Os adjetivos terminados em *-e*, *-el*, *-eil*, *-et*, *-ien*, *-o*, *-on*, *-ot*, *-ul* e *-s* dobram, em geral, a consoante final, antes de tomar a marca *-e* do feminino.

Masculino	Feminino	Tradução
ancien	*ancienne*	antigo, antiga
bas	*basse*	baixo, baixa
bon	*bonne*	bom, boa
coquet	*coquette*	gracioso, graciosa, elegante
cruel	*cruelle*	cruel
épais	*épaisse*	espesso, espessa
gras	*grasse*	gordo, gorda, engordurado, engordurada, gorduroso, gordurosa.
gros	*grosse*	gordo, gorda
las	*lasse*	cansado, cansada
métis	*métisse*	mestiço, mestiça
muet	*muette*	mudo, muda
nul	*nulle*	nulo, nula
pareil	*pareille*	parecido, o mesmo, parecida, a mesma
sot	*sotte*	tolo, tola

Também segue esta regra o adjetivo *gentil*: *gentille* (gentil, amável)

MAS não seguem esta regra:

Masculino	Feminino	Tradução
complet	*complète*	completo, completa
concret	*concrète*	concreto, concreta
Danois	*Danoise*	dinamarquês, dinamarquesa
désuet	*désuète*	fora de uso
dévôt	*dévote*	devoto, devota
discret	*discrète*	discreto, discreta
frais	*fraîche*	fresco, fresca
Français	*Française*	francês, francesa
idiot	*idiote*	idiota
incomplet	*incomplète*	incompleto, incompleta
indiscret	*indiscrète*	indiscreto, indiscreta
inquiet	*inquiète*	inquieto, inquieta
replet	*replète*	cheio, cheia
secret	*secrète*	secreto, secreta

- Os adjetivos terminados em *-er* e *-ier* levam um acento grave no *-e* que precede o *-r*.

Masculino	Feminino	Tradução
altier	*altière*	altivo, altiva
amer	*amère*	amargo, amarga
cher	*chère*	caro, cara
fier	*fière*	orgulhoso, orgulhosa

• Os adjetivos terminados em **-eur** fazem o feminino de três maneiras diferentes:

•• alguns seguem a regra geral:

Masculino	Feminino	Tradução
antérieur	antérieure	anterior
extérieur	extérieure	exterior
inférieur	inférieure	inferior
intérieur	intérieure	interior
majeur	majeure	maior
meilleur	meilleure	melhor
mineur	mineure	menor
postérieur	postérieure	postèrior
supérieur	supérieure	superior
ultérieur	ultérieure	ulterior

•• outros fazem o feminino em **-euse:**

Masculino	Feminino	Tradução
menteur	menteuse	mentiroso, mentirosa
trompeur	trompeuse	enganador, enganadora
voleur	voleuse	ladrão, ladra

•• outros, ainda, fazem o feminino em-*eresse:*

Masculino	Feminino	Tradução
hasseur	*chasseresse*	caçador, caçadora
pécheur	*pécheresse*	pecador, pecadora
vengeur	*vengeresse*	vingador, vingadora

• Os adjetivos terminados em *-teur* fazem o feminino em *-trice:*

Masculino	Feminino	Tradução
conducteur	*conductrice*	condutor, condutora
consolateur	*consolatrice*	consolador, consoladora
directeur	*directrice*	diretor, diretora
exécuteur	*exécutrice*	executador, executadora
inspecteur	*inspectrice*	inspetor, inspetora
inventeur	*inventrice*	inventor, inventora
présentateur	*présentatrice*	apresentador, apresentadora

• Os adjetivos terminados em *-f* formam o feminino mudando o *-f* para *-ve*.

Masculino	Feminino	Tradução
bref	*brève*	breve
captif	*captive*	cativo, cativa

Masculino	Feminino	Tradução
craintif	*craintive*	temeroso, temerosa
naïf	*naïve*	ingênuo, ingênua
neuf	*neuve*	*novo, nova*
vif	*vive*	esperto, esperta

• Os adjetivos terminados em *-g* adquirem *-ue* no feminino.

Masculino	Feminino	Tradução
long	*longue*	longo, longa
oblong	*oblongue*	oblongo, oblonga

• Os adjetivos terminados em *-gu* levam um trema no *u* ao adquirirem a marca *-e* do feminino:

Masculino	Feminino	Tradução
aigu	*aigüe*	agudo, aguda
ambigu	*ambigüe*	ambíguo, ambígua
contigu	*contigüe*	contíguo, contígua
exigu	*exigüe*	exíguo, exígua

• Os adjetivos terminados em *-x* fazem o feminino em *-se*.

Masculino	Feminino	Tradução
heureux	*heureuse*	feliz
jaloux	*jalouse*	ciumento, ciumenta
joyeux	*joyeuse*	alegre

MAS:

Masculino	Feminino	Tradução
doux	*douce*	doce
faux	*fausse*	falso, falsa
roux	*rousse*	ruivo, ruiva

• Alguns adjetivos têm uma alteração maior na formação do feminino:

Masculino	Feminino	Tradução
beau	*belle*	belo, bela
bénin	*bénigne*	benigno, benigna
coi	*coite*	quieto, quieta
favori	*favorite*	favorito, favorita
fou	*folle*	louco, louca
jumeau	*jumelle*	gêmeo, gêmea
malin	*maligne*	esperto, esperta
mou	*molle*	mole
nouveau	*nouvelle*	novo, nova
vieux	*vieille*	velho, velha

MAS possuem outra forma masculina diante de vogal ou *h* mudo:

bel enfant
bela criança

nouvel hôtel
novo hotel

fol amour
louco amor

vieil homme
velho homem

3. Adjectifs dérivés de noms de lieux (Adjetivos pátrios):

O gênero de adjetivos pátrios, isto é, os derivados de nomes de lugares, é formado seguindo-se várias das regras apontadas no item relativo ao gênero. Assim, são relacionadas abaixo algumas localidades com seus respectivos adjetivos. Note-se que, em francês, esses adjetivos são sempre grafados com a letra inicial maiúscula:

LOCALIDADE	ADJETIVO
Afghanistan	Afghan, ane
Afrique	Africain, aine
Afrique du Nord	Nord-Africain, aine
Afrique du Sud	Sud-Africain, aine
Albanie	Albanais, aise
Algérie	Algérien, ienne
Allemagne	Allemand, ande
Amérique	Américain, aine
Amérique du Nord	Nord-Américain, aine
Amérique du Sud	Sud-Américain, aine
Amérique Latine	Latino-Américain, aine

LOCALIDADE	ADJETIVO
Angleterre	Anglais, aise
Angola	Angolais, aise
Antilles	Antillais, aise
Arabie	Arabe
Arabie Saoudite	Saoudien, ienne
Argentine	Argentin, ine
Asie	Asiate ou Asiatique
Australie	Australien, ienne
Autriche	Autrichien, ienne
Azerbaïdjan	Azéri, ie ou Azerbaïdjanais, aise
Bangladesh	Bangladais, aise
Belgique	Belge
Bénin	Béninois, oise
Birmanie	Birmanien, ienne
Bolivie	Bolivien, ienne
Bosnie	Bosniaque ou Bosnien, ienne
Botswana	Botswanais, aise
Brésil	Brésilien, ienne
Bulgarie	Bulgare
Burkina-Faso	Burkinabé
Burundi	Burundais, aise
Cambodge	Cambodgien, ienne
Cameroun	Camerounais, aise
Canada	Canadien, ienne
Cap-Vert	Cap-Verdien, ienne
Caraïbes	Caraïbe ou Caribéen
Chili	Chilien, ienne
Chine	Chinois, oise
Chypre	Chypriote ou Cypriote
Cisjordanie	Cisjordanien, ienne
Colombie	Colombien, ienne

LOCALIDADE	ADJETIVO
Congo	Congolais, aise
Corée	Coréen, enne
Corée du Nord	Nord-Coréen, enne
Corée du Sud	Sud-Coréen, enne
Costa Rica	Costaricain, aine ou Costaricien, ienne
Côte-d'Ivoire	Ivoirien, ienne
Croatie	Croate
Cuba	Cubain, aine
Dahomey	Dahoméen, enne
Écosse	Écossais, aise
Égypte	Égyptien, ienne
Équateur	Équatorien, ienne
Espagne	Espagnol, ole
États-Unis d'Amérique	Étatsunien, aine ou Américain, aine
Éthiopie	Éthiopien, ienne
Eurasie	Eurasien, ienne
Europe	Européen, éenne
Fidji ou Fiji	Fidjien, ienne
Finlande	Finlandais, aise ou Finnois, oise
France	Français, aise
Gabon	Gabonais, aise
Gambie	Gambien, ienne
Gaule	Gaulois, gauloise
Germanie	Germain, aine
Ghana	Ghanéen, enne
Grande-Bretagne	Britannique
Grèce	Grec, Grecque
Groenland	Groenlandais, aise
Guadeloupe	Guadeloupéen, enne

LOCALIDADE	ADJETIVO
Guatemala	Guatemaltèque
Guinée	Guinéen, enne
Guyanne	Guyanais, aise
Haïti	Haïtien, ienne
Hawaï	Hawaïen, ienne
Hollande ou Pays-Bas	Hollandais, aise ou Néerlandais, aise
Honduras	Hondurien, ienne
Hongrie	Hongrois, oise
Inde	Indien, ienne
Indochine	Indochinois, oise
Indonésie	Indonésien, ienne
Irak ou Iraque	Irakien, ienne ou Iraquien, ienne
Iran	Iranien, ienne
Irlande	Irlandais, aise
Islande	Islandais, aise
Israël	Israëlien, ienne
Italie	Italien, enne
Jamaïque	Jamaïcain, aine
Japon	Japonais, aise
Jordanie	Jordanien, ienne
Kazakhstan	Kazakh
Kénya	Kényan, ane
Kirghizistan	Kirghiz, e
Koweït	Koweïtien, ienne
Laos	Laotien, ienne
Laponie	Lapon, one
Lettonie	Letton, one, Lette ou Latvien, ienne
Liban	Libanais, aise
Libéria	Libérien, ienne

LOCALIDADE	ADJETIVO
Libye	Libyen, ienne
Liechtenstein	Liechtenstenois, oise
Luxembourg	Luxembourgeois, oise
Madagascar	Malgache
Madère	Madérien, ienne ou Madérois, oise
Maghreb	Maghrébin, ine
Malaysie ou Malaysia	Malais, aise ou Malaysien, ienne
Mali	Malien, ienne
Maroc	Marocain, aine
Martinique	Martiniquais, aise
Maurice	Mauricien, ienne
Mauritanie	Mauritanien, ienne ou Maure ou More
Mésopotamie	Mésopotamien, ienne
Mexique	Mexicain, aine
Moldavie	Moldave
Monaco	Monégasque
Mongolie	Mongol, e
Moravie	Morave
Mozambique	Mozambicain, aine
Namibie	Namibien, ienne
Népal	Népalais, aise
Nouvelle Calédonie	Néo-Calédonien, ienne
Nubie	Nubien, ienne
Numidie	Numide
Océanie	Océanien, ienne
Ouganda	Ougandais, aise
Ouzbékistan	Ouzbek
Pakistan	Pakistanais, aise

LOCALIDADE	ADJETIVO
Panama	Panaméen, enne ou Panamien, ienne
Pâques	Pascuan, ane
Paraguay	Paraguayen, enne
Pays-Bas	cf. *Hollande*
Pérou	Péruvien, ienne
Perse	Persan, ane
Phénicie	Phénicien, ienne
Philippines	Philippin, ine
Pologne	Polonais, aise
Polynésie	Polynésien, ienne
Porto Rico	Portoricain, aine
Portugal	Portugais, aise
Prusse	Prussien, ienne
Qatar ou Katar	Qatari (*plural*)
République Centrafricaine	Centrafricain, aine
République de Djibouti	Djiboutien, ienne
République Dominicaine	Domicain, aine
Réunion	Réunionnais, aise
Roumanie	Romain, aine
Russie	Russe
Rwanda	Rwandais, aise
Salvador	Salvadorien, ienne
Sénégal	Sénégalais, aise
Sénégambie	Sénégambien, ienne
Serbie	Serbe
Sierra Leone	Sierra-Léonais, aise
Singapour	Singapourien, ienne
Slovaquie	Slovaque
Slovénie	Slovenne
Somalie	Somalien, ienne

LOCALIDADE	ADJETIVO
Soudan	Soudanais, aise
Sri Lanka	Sri Lankais, aise
Suède	Suédois, oise
Suisse	Suisse
Suriname	Surinamien, ienne
Syrie	Syrien, ienne
Tahiti	Tahitien, ienne
Taïwan	Taïwanais, aise
Tanzanie	Tanzanien, ienne
Tchad	Tchadien, ienne
Tchécoslovaquie	Tchécoslovaque ou Tchèque
Thailande	Thailandais, aise
Tibet	Tibetain, aine
Togo	Togolais, aise
Tunisie	Tunisien, ienne
Turquie	Turc, Turque
Ukranie	Ukrainien, ienne
Union Soviétique ou URSS	Soviétique
Uruguay	Uruguayen, enne
Venezuela	Vénézuélien, ienne ou Vénézolan, ane
Viêt-Nam ou Vietnam	Vietnamien, ienne
X Não existem nomes de lugares começados por X em francês.	
Yémen	Yémenite
Yougoslavie	Yougoslave
Zaïre	Zaïrois, oise
Zambie	Zambien, ienne
Zimbabwe	Zimbabwéen, enne

4. Le nombre de l'adjectif qualificatif (O número do adjetivo)

Forma-se o plural dos adjetivos acrescentando-se um *-s* ao singular:

> *grand - grands*
> *bleu - bleus*

• Quando terminam em *-s* ou *-x* no singular, não mudam no plural:

Singular	Plural	Tradução
gros	*gros*	gordo, gordos
heureux	*heureux*	feliz, felizes

• Quando os adjetivos terminam em *-al*, fazem o plural em *-aux*:

Singular	Plural	Tradução
égal	*égaux*	igual, iguais
loyal	*loyaux*	leal, leais
principal	*principaux*	principal, principais

MAS seguem a regra geral:

Singular	Plural	Tradução
banal	*banals*	banal, banais
bancal	*bancals*	capenga, trôpego
fatal	*fatals*	fatal, fatais

Singular	Plural	Tradução
final	*finals*	final, finais
glacial	*glacials*	glacial, glaciais
natal	*natals*	natal, natais
naval	*navals*	naval, navais

• Os adjetivos terminados em *-eau* fazem o plural em *-eaux*:

Singular	Plural	Tradução
beau	*beaux*	belo, belos
nouveau	*nouveaux*	novo, novos

5. Le degré de l'adjectif qualificatif (O grau do adjetivo)

Com o adjetivo e o advérbio é a qualidade que é comparada. Com os substantivos, são as quantidades que são objeto de comparação, enquanto com o verbo é a ação.

5.1. Le comparatif (O comparativo)

O comparativo indica que a qualidade é superior, igual ou inferior a outra do mesmo ser ou de outros seres. Pode-se comparar duas qualidades em relação a um mesmo ser ou dois seres em relação à mesma qualidade. Existem três graus comparativos:

5.1.1. *de supériorité* (de superioridade)

O comparativo de superioridade atribui uma qualidade a mais a um ser em relação a outro ou salienta uma qualidade em maior porção que outra:

Em francês, esse grau é indicado pela expressão *plus ... que ...*:

> *Adrienne est **plus** gentille **que** Laure.*
> Adrienne é **mais** gentil **do que** Laure.

> *Louis est **plus** intelligent **que** beau.*
> Louis é **mais** inteligente **do que** bonito.

5.1.2. *d'égalité* (de igualdade)

O comparativo de igualdade indica a condição de paridade entre duas coisas ou duas qualidades.

Esse grau é indicado, em francês, pela expressão *aussi ... que ...*:

> *Oswald est **aussi** intempestif **que** son frère.*
> Oswald é **tão** intempestivo **quanto** seu irmão.

> *Ce salon est **aussi** joli **que** cher.*
> Esta sala é **tão** bonita **quanto** cara.

5.1.3. *d'infériorité* (de inferioridade)

O comparativo de inferioridade indica que um dos dois elementos comparados encontra-se em condição inferior.

Este grau é indicado pela expressão *moins ... que ...*, em francês.

> *Marie-Jeanne est **moins** habile **que** sa mère.*
> Marie-Jeanne é **menos** hábil **que** sua mãe.

*Notre ami est **aussi** ingénu qu'idiot.*
Nosso amigo é **tão** ingênuo **quanto** bobo.

• Os adjetivos do quadro abaixo têm uma forma especial, sintética para expressar o seu comparativo de superioridade:

Adjetivo	Comparativo	Tradução
bon	*meilleur*	bom/melhor
mauvais	*pire*	mau, ruim/pior
petit	*moindre* (ou *plus petit*)	pequeno/menor

*Christian est **meilleur que** moi en anglais.*
Christian é **melhor do que** eu em inglês.

5.2. Le superlatif (O superlativo)

O superlativo indica que um ser apresenta determinada qualidade em elevado grau ou que se destaca de outros da mesma espécie por apresentar essa qualidade em grau maior ou menor. Existem dois tipos de superlativo: absoluto e relativo.

5.2.1. absolu (absoluto)

O superlativo absoluto expressa uma qualidade elevada ao maior grau sem nenhuma idéia de comparação. Ele é habitualmente formado com os advérbios *très* (muito), *fort* (muito), *bien* (muito), *extrêmement* (extremamente), *infiniment* (infinitamente).

*Rodrigue est **très** intelligent* ou
*Rodrigue est **fort** intelligent* ou

*Rodrigue est **extrêmement** intelligent.*
Rodrigue é **muito**, **extremamente** inteligente.

• Às vezes o superlativo é formado através de alguns prefixos:
extra-**, **sur-**, **super-**, **ultra-**, **archi

*Ce texte est **ultra**comique.*
Este texto é extremamente cômico.

• Por vezes, é formado por intermédio do sufixo *-issime*, o que
resulta em alguns termos de etiqueta:

*excellent**issime*** (excelentíssimo)
*révérend**issime*** (reverendíssimo)
*illustr**issime*** (ilustríssimo)
*éminent**issime*** (eminentíssimo)

ou, em uma linguagem mais familiar:

*grand**issime*** (grandíssimo)
*rich**issime*** (riquíssimo)
*rar**issime*** (raríssimo)

5.2.2. *relatif* (relativo)

O superlativo relativo expressa uma qualidade elevada ao grau
mais alto ou mais baixo por intermédio de uma comparação, seja
com o ser ou objeto considerado em circunstâncias diferentes,
seja com um ou vários seres ou objetos. Ele é formado pelo comparativo de superioridade ou de inferioridade precedido por:

a) artigo definido: ***Le plus*** *intelligent des hommes.*
O mais inteligente dos homens.

*L'homme **le moins** intelligent.*
O homem **menos** inteligente.

b) pronome possessivo: ***Votre plus*** *grand désir.*
          Seu maior desejo.

c) preposição *de*: *Ce qu'il y a **de plus** intéressant.*
          O que há **de mais** interessante.

• Alguns adjetivos não admitem grau ou porque expressam idéias absolutas, ou porque expressam, por si próprios, idéias de comparativo ou superlativo:

Adjetivo	Tradução
aîné	primogênito, o mais velho
cadet	caçula, o mais novo
majeur	maior
mineur	menor
principal	principal
ultime	último

6. L'accord de l'adjectif qualificatif (A concordância do adjetivo)

De modo geral, os adjetivos simples concordam em gênero e número com o substantivo ao qual se referem.

• Nos adjetivos compostos formados por:

a) adjetivo + adjetivo:

Os dois concordam em gênero e número com o substantivo:

un enfant sourd-muet (uma criança surda-muda)
des enfants sourds-muets (crianças surdas-mudas)

b) um adjetivo + um advérbio ou um adjetivo + uma preposição:

O adjetivo concorda com o substantivo, mas o segundo elemento, o advérbio ou a preposição, permanece invariável:

l'avant-dernière page (a penúltima página)
les avant-dernières pages (as penúltimas páginas)

un mot sous-entendu (uma palavra subentendida)
des mots sous-entendus (palavras subentendidas)

São exceções:

des fleurs fraîches écloses (flores recém-desabrochadas)
des yeux grands ouverts (olhos bem abertos)

une porte grande ouverte (uma porta escancarada, bem aberta)
des élèves nouveaux-venus (alunos recém-chegados)

c) um adjetivo + um radical de adjetivo terminado em *-i* ou em *-o*:

O adjetivo concorda com o substantivo e o radical do adjetivo permanece invariável:

une aventure tragi-comique (uma aventura tragicômica)
des aventures tragi-comiques (aventuras tragicômicas)

Permanecem invariáveis:

• adjetivos de cor compostos, isto é, formados por dois adjetivos ou por um adjetivo + um substantivo:

> *une cravate **bleu foncé*** (uma gravata azul-escuro)
> *des cravates **bleu foncé*** (gravatas azuis-escuros)

> *un ensemble **gris-perle*** (um conjunto cinza-pérola)
> *des ensembles **gris-perle*** (conjuntos cinza-pérola)

• substantivos empregados como adjetivos para indicar uma cor:

> *un ruban **orange*** (uma fita laranja)
> *des rubans **orange*** (fitas laranja)

7. *L'adjectif et le participe présent (O adjetivo e o particípio presente)*

O adjetivo e o particípio presente se assemelham, visto que este é uma forma nominal do verbo e que, posposto a um substantivo, desempenha o papel de um adjetivo. Distinguem-se, entretanto, morfológica e semanticamente:

Alguns particípios e adjetivos:

Participe Présent	Gerúndio[1]	Adjectif Qualificatif	Adjetivo
adhérant	aderindo	*adhérent*	aderente
convainquant	convencendo	*convaincant*	convincente
convergeant	convergindo	*convergent*	convergente
différant	diferindo	*différent*	diferente
équivalant	equivalendo	*équivalent*	equivalente

Participe Présent	Gerúndio[1]	*Adjectif Qualificatif*	Adjetivo
fatiguant	cansando	*fatigant*	cansativo
influant	influindo	influent	influente
naviguant	navegando	*navigant*	navegante
négligeant	negligenciando	*négligent*	negligente
précédant	precedendo	*précédent*	precedente
provoquant	provocando	*provocant*	provocante
suffoquant	sufocando	*suffocant*	sufocante
violant	violando	*violent*	violento

---

[1] Consultar o *participe présent* no capítulo dos verbos.

IV - LE PRONOM PERSONNEL
(O PRONOME PESSOAL)

Pronomes pessoais são aqueles que designam as três pessoas gramaticais: primeira, o ser que fala; segunda, o ser com quem se fala; e terceira, o ser de que se fala.

Existem em francês dois tipos de pronomes pessoais: átonos e tônicos, tanto na função de sujeito como na de complemento. Esses pronomes correspondem, respectivamente, aos pronomes dos casos reto e oblíquo em português.

• Os pronomes pessoais átonos são sempre empregados junto ao verbo, formando com ele um bloco, já que, sintaticamente, são o sujeito desse verbo:

> *Nous pensons* (**Nós** pensamos)
> *Tu oublies* (**Tu** esqueces ou **você** esquece)
> *J'attends* (**Eu** espero)
> *Il me voit* (**Ele** me vê)

• Os pronomes pessoais tônicos empregam-se quase sempre separados do verbo e muitas vezes acompanhados de uma preposição. São usados quando se quer enfatizar a pessoa ou o ser:

> *Moi, j'adore les pêches* (**Eu** adoro pêssegos)
> *C'est **lui** qui domine* (É **ele** que domina)
> *Pierre viendra avec **moi*** (Pierre virá **comigo**)

• *Le pronom personnel sujet* (O pronome pessoal sujeito): este pronome desempenha a função de sujeito na frase.

	ÁTONO	TÔNICO
Eu	*Je*	*moi*
Tu[1]	*Tu*	*toi*
Ele, Ela	*Il ,Elle*	*lui, elle*
Nós	*Nous*	*nous*
Vós[2]	*Vous*	*vous*
Eles, Elas	*Ils, Elles*	*Eux, Elles*

Je suis épuisée.
Eu estou esgotada.

Nous sommes en vacances.
Nós estamos de férias.

• O pronome indefinido *on* também pode ser considerado um pronome pessoal, pois designa pessoas de forma imprecisa, indeterminada. Neste caso, pode ser traduzido por "alguém", pelo pronome "-se" indeterminado em português, por "a gente", no sentido de primeira pessoa do plural, ou por alguma outra forma de indeterminação[3]:

On ne peut pas fumer ici.
Não **se** pode fumar aqui.

---

[1] Pode também ser traduzido por você.
[2] Pode também ser traduzido por você, vocês, o senhor, a senhora, os senhores, as senhoras.
[3] Para mais detalhes sobre o pronome *on*, consulte o Capítulo VIII, Pronome Indefinido.

On aime voyager.
A gente gosta de viajar.
ou: **Nós** gostamos de viajar.

• *Le pronom personnel complément* (O pronome pessoal complemento): este pronome desempenha a função de objeto na frase.

ÁTONOS			TÔNICOS
OBJ. DIRETO	**OBJ. INDIRETO**		**REFLEXIVO**
me (me)	*me* (me)	*me* (me)	*moi* (mim)
te (te)	*te* (te)	*te* (te)	*toi* (ti)
le (o) *la* (a)	*lui* (lhe)	*se* (se)	*soi* (si) *lui* (ele) *elle* (ela)
nous (nos)			*nous* (nós)
vous (vos)			*vous* (vós)
les (os, as)	*leur* (lhes)	*se* (se)	*eux* (eles) *elles* (elas)

Aglaé se fatigue facilement.
Aglaé **se** cansa facilmente.

En dormant, Martine se cogne souvent contre le mur.
Dormindo, Martine esbarra com freqüência na parede.

***Nous nous** promenons souvent dans ce parc.*
Nós passeamos com freqüência neste parque.

*Les enfants veulent aller au cirque avec **toi**.*
As crianças querem ir ao circo com **você**.

• Quando um complemento (objeto direto, indireto ou reflexivo)
vier substituído por um pronome átono, este é colocado, nor-
malmente, antes do verbo. Os pronomes pessoais átonos *me, te,*
le, la, nous, vous, les são usados como complemento dos verbos transitivos diretos:

> *Victorine me voit.*
> Victorine **me** vê (ou: Victorine está **me** vendo).
>
> *Brigitte nous suit.*
> Brigitte **nos** segue (ou: Brigitte está **nos** seguindo).

• Os pronomes *me, te, lui, nous, vous, leur* são usados como
complemento dos verbos transitivos indiretos:

> *Tristan m'aide chaque fois que j'en ai besoin.*
> Tristan me ajuda cada vez que eu preciso.

• Os pronomes pessoais *me, te, se, le* e *la* são grafados *m', t', s',*
e *l'* diante de palavras começadas por *vogal* ou *h* mudo:

> *Jean-Jacques m'a vu.*
> Jean-Jacques **me** viu.
>
> *Je t'aime.*
> Eu **te** amo (ou: **Eu** amo **você**).

Não confundir *leur*, pronome pessoal complemento átono (lhes),
com o pronome possessivo *leur* (deles ou delas). O primeiro
antecede um verbo, e o segundo, por ser um determinante, acompanha um substantivo:

> *Désirée leur parle vite.*
> Désirée **lhes** fala rapidamente (ou: fala **com eles** ou
> **elas**).

*Laurence et Sylvain ont laissé **leurs** affaires ici.*
Laurence e Sylvain deixaram **suas** coisas aqui (ou: as coisas **deles**).

- Os pronomes pessoais átonos *me, te, se, nous, vous, se*, de valor reflexivo, isto é, em que o sujeito e o objeto direto se referem à mesma pessoa, são usados com os verbos pronominais:

*Sophie **se** distrait avec les enfants.*
Sophie **se** distrai com as crianças. (ou: Sophie está **se** distraindo)

*Rosalie **se** lève très tôt tous les matins.*
Rosalie levanta-**se** muito cedo todas as manhãs.

- Os pronomes pessoais tônicos *moi, toi, soi, lui, elle, nous, vous, eux, elles* vêm geralmente preposicionados:

*Philippe pense souvent **à toi**.*
Philippe pensa com freqüência **em você**.

*Justine est partie **sans lui**.*
Justine foi embora **sem ele**.

- Quando se tratar da preposição ***avec*** (com), as formas em português serão: comigo, contigo, consigo, com ele, com ela, conosco, convosco, com eles e com elas:

*Myriam est arrivée **avec moi**.*
Myriam chegou **comigo**.

*Maman ira **avec nous** ce soir.*
Mamãe irá **conosco** esta noite.

- Os pronomes pessoais complementos tônicos também são empregados depois do imperativo afirmativo, como objeto direto, indireto ou reflexivo:

*Laissez-**moi** partir.*
Deixe-**me** ir embora.

*Donnez-**lui** ses chaussures.*
Dê-lhe seus sapatos. (ou: Dê-lhe os sapatos dele)

*Lave-**toi**.*
Lave-**se**.

• *Soi*, forma tônica do reflexivo **se**, é usado quando nos referimos
a um sujeito de sentido genérico ou não-expresso:

*Chacun pour **soi**.*
Cada um por **si**.

MAS se o sujeito for determinado, *soi* é utilizado apenas para
evitar equívoco, no sentido de si próprio:

*Un jeune homme qui travaille pour son père travaille
pour **soi**.*
Um rapaz que trabalha para seu pai trabalha para **si**.

• *Tu* e *Vous*: Em francês os pronomes de segunda pessoa são apenas *tu* e *vous*, já que não existem os pronomes de tratamento da
língua portuguesa. Assim, *tu* e *vous* e suas variações podem ter
traduções diversificadas:

***Tu** sortiras avec elle.*
Tu sairás com ela (ou:**Você** sairá com ela).

***Vous** qui êtes toujours à l'heure, je **vous** félicite!*
Você que sempre é pontual, eu **o** (ou: **a**) parabenizo!
ou: **O senhor**, que sempre é pontual, eu **o** parabenizo!
ou: **A senhora**, que sempre é pontual, eu **a** parabenizo!

ou: **Vocês**, que são sempre pontuais, eu **os** (ou: **as**)
parabenizo!

ou: **Os senhores**, que sempre são pontuais, eu
os parabenizo!

ou: **As senhoras**, que sempre são pontuais,
eu **as** parabenizo!

*Laurence **vous** adore.*
Laurence **vos** adora.
ou: Laurence adora **você**.
ou: Laurence adora **o senhor**.
ou: Laurence adora **a senhora**.
ou: Laurence adora **os senhores**.
ou: Laurence adora **as senhoras**.

• Não existem em francês pronomes de tratamento tal como na
gramática da língua portuguesa. Usam-se, em francês, outras
fórmulas de tratamento. As mais freqüentes são:

Monsieur Defontaine (O Senhor *Defontaine*)
Madame Leclerc (A Senhora *Leclerc*)
Mademoiselle Saint-Hilaire (A Senhorita *Saint-Hilaire*)

Outras fórmulas:

Monsieur le Président	Exmo. Presidente
Votre Excellence	Vossa Excelência
Votre Majesté	Vossa Majestade
Monsieur le curé	O pároco, o padre
Monsieur le Maire	Exmo. Prefeito
Mon Père	Padre

Ma Sœur	Irmã, Madre
Un tel, une telle	fulano, fulana, beltrano, beltrana

• *Il* (neutro): Usado com verbos impessoais, o pronome pessoal *il* é neutro:

> *Il y a des jours où l'on n'a pas envie de travailler.*
> Há dias em que não se tem vontade de trabalhar.

> *Il y a des problèmes à résoudre.*
> Há problemas a serem resolvidos.

> *Il fait du vent.*
> Está ventando.

> *Il fait déjà nuit.*
> Já é noite.

> *Il pleut beaucoup en automne.*
> Chove muito no outono.

> *Il faut partir.*
> É preciso ir embora.

> *Fermez la fenêtre, s'il vous plaît.*
> Feche a janela, por favor.

> *Il lui arrive d'avoir des maux de tête.*
> Acontece às vezes de ele ter dores de cabeça.

> *Il se peut que Christian vienne avec Matthieu.*
> Pode ser que Christian venha com Matthieu.

> *Il est intéressant d'étudier l'arabe.*
> É interessante estudar árabe.

Il est probable que Marcel chante ce soir.
Pode ser que Marcel cante hoje à noite.

MAS:

Marcel chantera ce soir, c'est probable.
Marcel cantará hoje à noite, é provável.

V - LES PRONOMS ADVERBIAUX
(OS PRONOMES ADVERBIAIS)

En e *Y* são etimologicamente **advérbios** de lugar que significam, respectivamente "de lá" ou "daí", e "lá" ou "aí".

Continuando a ser empregados como advérbios, passaram a assumir, aos poucos, o valor de **pronomes pessoais** complementos que, em geral, equivalem, o primeiro a "dele(s), dela(s), disto, disso, daquilo", e o segundo a "a ele(s), a ela(s), a isso, a isto, àquilo". Por isso são chamados "advérbios pronominais" ou "pronomes adverbiais".

1. En

É um pronome adverbial complemento que representa uma coisa, um enunciado e, às vezes, uma pessoa. Não tem equivalente em português.

- O pronome *en* em geral substitui palavras que expressam uma idéia de quantidade. Neste caso não é traduzido em português. Essas palavras podem ser:

  1. um termo precedido por um artigo indefinido:

     > *Tu as **des** amis? — Oui, j'**en** ai.*
     > Você tem amigos? — Sim, tenho (ou: Tenho).

  2. um termo precedido por um artigo partitivo:

     > *Gaston buvait **de la** bière; maintenant il n'**en** boit plus.*
     > Gaston bebia cerveja; agora ele não bebe mais.

*Raphaëlle joue **de la** guitare? — Oui, elle **en** joue.*
Raphaëlle toca violão? — Sim, toca (ou: Toca).

3. um termo precedido por um numeral cardinal, e neste caso o
numeral deve vir repetido, em caso de frase afirmativa.

> *J'avais **quatre** disquettes; maintenant j'**en** ai **trois**..*
> Eu tinha **quatro** disquetes; agora tenho **três**.

> *Tu as **une** télévision couleur? — Oui, j'**en** ai **une**.*
> Você tem **uma** televisão a cores? Tenho, tenho **uma**.

4. um termo precedido por um advérbio de quantidade. Neste
caso, repete-se o advérbio da pergunta:

combien de (quanto)
beaucoup de (muito)
peu de (pouco)
moins de (menos)
plus de (mais)
assez de (suficiente, bastante)

> *Est-ce que nous aurons **beaucoup de** travail*
> *aujourd'hui? — Oui, nous **en** aurons **beaucoup**.*
> Será que teremos **muito** trabalho hoje? — Sim, teremos
> **muito**.

> *Josette a **assez d'**argent pour aller chez le médecin? —*
> *Non, elle n'**en** a pas assez pour aller chez le médecin.*
> Josette tem dinheiro **suficiente** para ir ao médico? —
> Não, ela não tem.

• O pronome *en* substitui também um complemento de lugar
(com o sentido de **desse lugar**):

Vous venez de l'école? — Oui, nous en venons.
Vocês estão vindo **da escola**? — Estamos (ou: Sim, estamos).

- O pronome *en* substitui ainda vários termos com função de objeto indireto:

1. um substantivo:

Tante Zoé se souvient de cette fille? — Oui, elle s'en souvient.
Tia Zoé se lembra **desta garota**? — Ela se lembra sim.

2. um infinitivo complemento:

Tu es sûr de ne pas te tromper? — Oui, j'en suis sûr.
Você tem certeza **de não estar se enganando**? — Tenho (ou: Sim, tenho certeza).

3. uma oração subordinada:

Le juge s'est aperçu que l'avocat mentait? — Non, il ne s'en est pas aperçu.
O juiz percebeu que o advogado estava mentindo? — Não, não percebeu.

- O pronome *en* substitui também o complemento de um substantivo:

Martine connaît-elle cette chanson? — Non, mais elle en connaît l'interprète.

Martine conhece esta música? — Não, mas ela conhece o(a) intérprete (o, a intérprete **da música**).

• O pronome *en* substitui ainda o complemento de um adjetivo:

> *Est-ce que Claire est contente **de son voyage**? — Oui, elle **en** est très contente.*

> Claire está contente com sua viagem? — Está, está muito contente (ou: Sim, ela está muito contente).

> *Êtes-vous satisfait **des résultats**? — Oui, nous **en** sommes satisfaits.*
> Vocês estão satisfeitos **com os resultados**? — Estamos (ou: Sim, estamos).

• No caso de pessoas, após uma preposição, embora o pronome *en* possa ser utilizado, geralmente se usam os pronomes pessoais:

> *Parlez-vous **de cette femme**? — Oui, nous **en** parlons.*
> Vocês estão falando **desta mulher**? — Sim, estamos falando **dela**.

> *Parlez-vous **du conférencier**? — Oui, nous parlons **de lui**.*
> Vocês estão falando **do conferencista**? — Sim, estamos falando **dele**.

ALGUMAS LOCUÇÕES EM QUE O PRONOME *EN* NÃO TEM MAIS VALOR GRAMATICAL DEFINIDO:

Expressões	Tradução
s'en aller	ir embora
en vouloir à	querer mal a, zangar-se com
s'en prendre à	pôr a culpa em, encolerizar-se com

Expressões	Tradução
n'*en* pouvoir plus	não agüentar mais
il *en* va de même	o mesmo acontece
en avoir marre ou	estar saturado(a) de
en avoir assez	estar cansado(a) de
s'*en* faire	preocupar-se com, inquietar-se com
s'*en* ficher	não se importar, não dar a mínima

Jean-Baptiste s'en va déjà?
Jean-Baptiste já vai embora?

Hélène en a marre de son mari!
Hélène está cansada de seu marido!

Le directeur en a assez de toi!
O diretor está saturado de você!

Je n'en peux plus, je suis très fatiguée!
Não agüento mais, estou muito cansada!

Ne t'en fais pas pour Claude.
Não se preocupe com Claude.

Louis et moi on s'est disputés hier soir. Je crois que maintenant il m'en veut.
Louis e e eu brigamos ontem à noite. Acho que agora ele está zangado comigo.

2. Y

O pronome adverbial *y* pode ser:

• complemento de lugar (substituindo adjuntos adverbiais começados por *chez, sur, sous, dans, en, devant, derrière*, etc.):

> *Sonia va à la fac le lundi? — Oui, elle y va*
> Sonia vai à **faculdade** às segundas-feiras? — Vai (ou:
> Sim, ela vai **lá** às segundas-feiras).

> *Le petit Pierre va rester chez son oncle? — Oui, il va y
> rester.*
> O Pedrinho vai ficar **na casa do tio dele**? — Vai, vai
> ficar **lá** (ou: Sim, ele vai ficar lá).

• objeto indireto:

> *Stéphanie pense à ses examens? — Oui, elle y pense.*
> Stéphanie está pensando **nos seus exames**? — Está (ou:
> Sim, ela está pensando **nisso**).

> *Les injures étant trop grossières, Franck n'a pas voulu
> y répondre.*
> Como as ofensas foram muito grosseiras, Franck não
> quis responder.

Como complemento de certos verbos, o pronome **y** pode substi-
tuir pessoas, como nas expressões abaixo:

> *se fier à* (confiar em)
> *penser à* (pensar em)
> *s'attacher à* (ligar-se a)
> *croire à* (acreditar em)
> *s'intéresser à* (interessar-se por)

> ... *quant à mes parents, je n'y pense jamais*
> ... quanto aos meus pais, eu nunca penso **neles**.

C'est un homme malhonnête: ne t'y fie pas!
É um homem desonesto: não confie **nele**!

• complemento do adjetivo:

Est-ce que Jany est favorable à cette mesure? — Oui, elle y est favorable.
Será que Jany é favorável **a esta medida**? — É (ou: Sim, ela é favorável **a esta medida**).

Comptes-tu sur la nouvelle prime? — Oui, j'y compte.
Você está contando **com o novo bônus**? — Sim, estou (ou: Sim, estou contando com o novo bônus).

OBSERVAÇÃO

• O pronome **y** é suprimido, por eufonia, diante das formas verbais *irai, irais*, etc.:

Si vous allez à Paris, je vous assure que j'irai aussi.
Se você for a Paris, eu lhe garanto que irei também.

• O pronome **y** não tem mais valor gramatical preciso em certas locuções:

LOCUÇÃO	TRADUÇÃO	EXEMPLO
y avoir	haver	*Il y a des papiers sur la table.* Há documentos em cima da mesa.
s'y connaître	entender	*Thérèse s'y connaît en littérature.* Thérèse entende literatura.

LOCUÇÃO	TRADUÇÃO	EXEMPLO
n'y être pour rien	não ter a responsabilidade de, o que não diz respeito.	*Ces problèmes d'argent? Je n'y suis pour rien.* Estes problemas de dinheiro? Eu não tenho nada a ver com isso.

- Dupla pronominalização:

  Quando se tem mais de um pronome complemento antes do verbo, existe uma **ordem** de colocação a ser respeitada:

a) com tempos verbais simples na forma afirmativa:

SUJET (sujeito)	*me te se nous vous se*	*le la les*	*lui leur*	*y*	*en*	**VERBE** (verbo)

Tu t'en vas.
Você vai embora.

Nous nous y appliquons.
Nós **nos** esforçamos **para isso**.

Est-ce qu'on trouve des cadeaux au supermarché?
Oui, on y en trouve.
A gente encontra presentes no supermercado? Sim, encontra (ou: Sim, a gente encontra **isso aí**).

b) com tempos verbais simples na forma negativa:

SUJET (sujeito)	NE	me te se nous vous se	le la les	lui leur	y	en	VERBE (verbo)	PAS

> *Emmanuel donne **des soucis à ses parents**? — Non, il **ne leur en** donne **pas**.*
>
> Emmanuel dá trabalho à seus pais? — Não, ele não lhes dá.
>
> *Tu donnes **le jouet à Françoise**? Non, je **ne le lui** donne **pas**.*
>
> Você dá o brinquedo para Françoise? Não, eu não **lho** dou (ou: eu não **lhe** dou isso, ou: eu não **o** dou **para ela**).

c) com tempos verbais compostos na forma afirmativa:

SUJET (sujeito)	me te se nous vous se	le la les	lui leur	y	en	VERBE AUXILIAIRE (verbo auxiliar)	PARTICIPE PASSÉ VERBE PRINCIPAL (particípio passado do verbo principal)

> *As-tu donné le **CD-ROM à Jérémie**?— Oui, je **le lui** ai donné.*
>
> Você deu o **CD-ROM para Jérémie**? Sim, eu **lho** dei. (ou: Eu dei o **CD-ROM para ele**).

*Fabienne a parlé **de cette annonce à Thomas**? —
Oui, elle **lui en** a parlé.*
Fabienne falou **deste anúncio a Thomas**? — Sim, ela
falou **disso com ele**.

d) com tempos verbais compostos na forma negativa:

SUJET (sujeit)	NE	me te se nous vous se	le la les	lui leur	y	en	VERBE AUXILIAIRE (verbo auxiliar)	PAS	PARTICIPE PASSÉ VERBE PRINCIPAL (particípio passado do verbo principal)

*Cyril ne **m**'a pas dit qu'il viendrait.*
Cyril não **me** disse que ele viria.

*Cyril ne **m'en** a pas dit.*
Cyril não **me** disse **isso**.

*Tu ne **m'en** a pas parlé.*
Você não **me** falou **disso**.

*Je ne **le lui** ai pas donné.*
Eu não **lho** dei.

e) com verbos no imperativo afirmativo:

VERBE (verbo)		le la l' les	nous vous lui leur m' t' moi toi	y	en

Donnez-le-leur.
Dê-**lhos** (ou Dê **isso para eles**, ou **para elas**).

Donne m'en.
Dê-**mo** (ou Dê **isso para mim**).

Parle-lui en.
Fale **disso com ele** ou **com ela**.

f) com verbos no imperativo negativo:

NE	me te se nous vous se	le la les	lui leur	y	en	VERBE (verbo)	PAS

Ne m'en parle pas
Não fale **disso comigo**.

Ne le leur donnez pas
Não **lhos** dê (ou: Não dê **isso para eles, elas**).

g) nas locuções verbais formadas pelos verbos *pouvoir* e *devoir*, por exemplo, os pronomes são colocados antes do verbo que complementam:

Je peux le lui donner.
Eu posso **lho** dar (ou: Eu posso dar **isso para ele**).

Je dois lui en parler.
Eu tenho que falar **disso com ele** (ou **com ela**).

Nestas locuções, a **forma negativa** vem em torno dos verbos *pouvoir* ou *devoir* e os pronomes continuam antes do verbo do qual são complementos:

> *Je ne vais pas le lui donner.*
> Eu **não** vou **lho** dar (ou: Eu **não** vou dar **isso para ele** ou **para ela**).

> *Je ne dois pas lui en parler.*
> Eu **não** tenho que falar **disso com ele** (ou **com ela**).

VI - LE POSSESSIF
(O POSSESSIVO)

Para estabelecer uma relação de posse em francês pode-se usar duas formas: os *adjectifs possessifs*, que são os pronomes possessivos com valor de adjetivo, e os *pronoms possessifs*, que são os pronomes possessivos com valor de substantivo.

1. L'adjectif possessif (O pronome adjetivo possessivo)

O *adjectif possessif* equivale ao pronome possessivo com valor de adjetivo da língua portuguesa. Ele é assim chamado porque acompanha o substantivo.

Ao indicar uma relação de posse, o *adjectif possessif* varia de acordo com o número e o gênero dos objetos possuídos e com o número de possuidores.

POSSUIDOR(ES)		COISA(S)		POSSUÍDA(S)
		uma única		várias
		M. Sg.	F. Sg.	M. e F. Pl.
um	JE (Eu)	*MON* (meu)	*MA* (minha)	*MES* (meus ou minhas)
único (singular)	TU (Tu, Você)	*TON* (teu, seu)	*TA* (tua, sua)	*TES* (teus, tuas seus, suas)
	IL (Ele) ELLE (Ela)	*SON* (seu, dele, dela)	*SA* (sua, dele, dela)	*SES* (seus, suas, dele, dela)

		COISA(S)		POSSUÍDA(S)
		uma única		várias
POSSUIDOR(ES)		**M. Sg.**	**F. Sg.**	**M. e F. Pl.**
vários (plural)	NOUS (Nós)	*NOTRE* (nosso,	nossa)	*NOS* (nossos, nossas)
	VOUS (Vós, Você, Vocês)	*VOTRE* (seu, sua	vosso ou vossa)	*VOS* (seus, suas vossos, vossas)
	ILS (Eles) ELLES (Elas)	*LEUR* (deles,	delas)	*LEURS* (deles, delas)

O pronome posssessivo que acompanha o pronome indefinido *on*[1] vai depender de este designar uma ou várias pessoas:

> *On a chacun **sa** croix.*
> Cada um carrega **sua** cruz.

> *On a chacun **ses** problèmes.*
> Cada um de nós tem **seus** problemas.

> *On a apporté toutes **nos** valises.*
> Trouxemos todas as **nossas** malas.

• O *adjectif possessif* nunca é precedido de artigo definido em francês, seja ele masculino ou feminino, ao contrário do português:

> ***Ma** belle-mère.*
> A **minha** sogra (ou: Minha sogra).

---

[1] Consulte o Capítulo VIII, 1, referente ao Pronome Adjetivo Indefinido.

> **Mon** *petit ami.*
> O **meu** namorado (ou: Meu namorado).

• Diante de palavra feminina começada por vogal ou *h* mudo, isto
é, não pronunciado, usa-se *mon, ton, son* em vez de *ma, ta, sa*:

> **Mon** *amie Monique.*
> **Minha** amiga Monique.

Na correspondência entre o possessivo francês e o português,
deve-se considerar que as palavras *seu, sua, seus* e *suas* têm
vários sentidos em português, isto é, podem se referir a diferentes possuidores, correspondendo assim, em francês, a possessivos distintos:

> seu = de você ⇒ *ton, votre* (segundo o sujeito, *tu* ou *vous*)
> seu = dele ou dela ⇒ *son* (sujeito *il* ou *elle*)
> seu = de vocês ⇒ *votre* (sujeito *vous*)
> seu = deles ou delas ⇒ *leur* (sujeito *ils* ou *elles*)

leur e *leurs*: Como o possessivo francês varia não apenas de
acordo com o possuidor mas também com o que é possuído,
tanto *leur* como *leurs* são possessivos da terceira pessoa do plural, mas o primeiro refere-se a algo possuído no singular e o
segundo a algo possuído no plural:

> *leur* *fille* - sua filha, a filha deles ou delas
> *leurs* *enfants* - seus filhos, os filhos deles ou delas

2. Le pronom possessif (O pronome substantivo possessivo)

O *pronom possessif* equivale ao pronome possessivo com valor
de substantivo da língua portuguesa. Ele tem esse nome porque
substitui o substantivo.

Ao indicar uma relação de posse, o *pronom possessif* varia de acordo com o número e o gênero dos objetos possuídos e com o número de possuidores.

POSSUIDOR(ES)		COISA(S)	POSSUÍDA(S)		
		uma única		várias	
POSSUIDOR(ES)		M. Sg.	F. Sg.	M. Pl.	F. Pl.
um	JE (Eu)	*le mien* (o meu)	*la mienne* (minha)	*les miens* (meus)	*les miennes* (as minhas)
único (singular)	TU (Tu, Você)	*le tien* (o teu, o seu)	*la tienne* (a tua, a sua)	*les tiens* (os teus, os seus)	*les tiennes* (as tuas, as suas)
	IL (Ele) ELLE (Ela)	*le sien* (seu, o dele, o dela)	*la sienne* (sua, a dele, a dela)	*les siens* (os seus, os dele, os dela)	*les siennes* (as suas, as dele, as dela)
vários (plural)	NOUS (Nós)	*le nôtre* (o nosso)	*la nôtre* (a nossa)	*les nôtres* (os nossos, as nossas)	
	VOUS (Vós, Você, vocês)	*le vôtre* (o seu, o vosso)	*la vôtre* (a sua, a vossa)	*les vôtres* (os seus, as suas, ou os vossos, as vossas)	
	ILS (Eles) ELLES (Elas)	*le leur* (o deles, o delas)	*la leur* (a deles, a delas)	*les leurs* (os deles, as delas)	

*Luc a apporté mon dossier, alors que Monique a apporté **le sien**.*

Luc trouxe o meu dossiê, enquanto Monique trouxe **o dela**.

*Nos amis sont déjà arrivées. Et **les tiens**?*
Nossos amigos já chegaram. E **os teus** (ou: seus)?

*Madame, ouvrez **vos** valises!*
Senhora, abra **suas** malas!

*Nous avons trouvé nos affaires, mais où sont **les vôtres**?*
Achamos nossas coisas, mas onde estão **as suas** (ou: de vocês)?

VII - LE DÉMONSTRATIF
(O DEMONSTRATIVO)

Existem duas formas de demonstrativos em francês, o *adjectif* e o *pronom*, correspondentes em português aos pronomes demonstrativos com valor de adjetivo e de pronome, respectivamente. O *adjectif démonstratif* é usado para determinar a pessoa ou a coisa designada pelo nome ao qual ele é anexado. Já o *pronom démonstratif* designa por si só um ser, um objeto, representando um substantivo, uma idéia.

1. L'adjectif démonstratif (O pronome adjetivo demonstrativo)

Conforme o nome indica, o *adjectif démonstratif* é usado para acompanhar um substantivo:

> *Ce garçon est très beau.*
> **Este** menino é muito bonito.

> *Cet énoncé est incorrect.*
> **Este** enunciado está incorreto.

> *Cette expérience a été intéressante.*
> **Esta** experiência foi interessante.

> *Ces détails sont inopportuns.*
> **Estes** detalhes são inoportunos.

M. Sg.	F. Sg.	M./F. Pl.
CE CET (este, esse, aquele)	CETTE (esta, essa, aquela)	CES (estes, estas, esses, essas, aqueles, aquelas)

• Usa-se *ce*, no masculino singular, diante de consoante e *h* aspirado e *cet* diante de substantivos masculinos iniciados com vogal ou *h* mudo (não-pronunciado). Já no feminino singular, a forma é única: *cette*.

> *Ce livre* - **Este** livro
> *Ce héros* - **Este** herói
>
> *Cet* homme - **Este** homem
> *Cet* ami - **Este** amigo
>
> *Cette marionette* - **Esta** marionete
> *Cette hypothèse* - **Esta** hipótese
> *Cette aspiration* - **Esta** aspiração

O *adjectif démonstratif* possui formas simples e compostas. As compostas são as formas simples acrescidas das partículas adverbiais *-ci* e *-là*, intercalando-se o substantivo entre elas. São utilizadas para indicar ou insistir na proximidade ou distância do substantivo em relação à primeira pessoa:

> *Ne choisissez pas* **cette** *jupe-ci, choisissez plutôt* **cette** *jupe-là*.
> Não escolha **esta** saia, escolha de preferência **aquela**.

-CI	-LÀ
Ce journal-ci	*Ce journal-là*
Este jornal (ou este jornal aqui)	**Aquele** jornal (ou **aquele** jornal **lá**)
Cet ordinateur-ci **Este** computador (ou **este** computador **aqui**)	*Cet ordinateur-là* **Aquele** computador (ou **aquele** computador **lá**)
Cette imprimante-ci **Esta** impressora (ou **esta** impressora **aqui**)	*Cette imprimante-là* Aquela impressora (ou **aquela** impressora **lá**)

2. Le pronom démonstratif (O pronome substantivo demonstrativo)

Conforme o nome indica, o *pronom démonstratif* é usado no lugar do substantivo, possuindo formas simples ou compostas.

• formas simples:

> *J'ai vu trois films hier. J'ai bien aimé* **celui** *qui a été réalisé par Truffaut.*
> Assisti a três filmes ontem. Gostei muito **daquele (do)** que foi feito por Truffaut.

• compostas:

> **Cette** *photo-***ci** *n'est pas très bonne, mais* **celle-là** *est magnifique!*
> **Esta** foto não é muito boa, mas **aquela lá** é excelente!

	MASCULINO		FEMININO		NEUTRO
	formas simples	formas compostas	formas simples	formas compostas	formas únicas
SINGULAR	*celui*	*celui-ci, celui-là*	*celle*	*celles-ci, celles-là*	*ce, ceci, cela ou ça*
	(este, esse, aquele)		(esta, essa, aquela)		(isto, isso, aquilo)
PLURAL	*ceux*	*celui*-là	*celles*	*celles*-là	—
	(estes, esses, aqueles)		(estas, essas, aquelas)		

• O *pronom démonstratif* simples pode vir acompanhado de:

1. uma preposição:

> *Voici ton foulard et **celui** de Marianne.*
> Aqui está o teu (ou o seu) lenço e **o** de Marianne.

2. um pronome relativo:

> *Prends les clés qui sont sur le tabouret et **celles qui** sont sur le bureau.*
> Pegue as chaves que estão no banquinho e **aquelas (as) que** estão na escrivaninha.

3. um particípio:

> *Les bijoux faits au Brésil et **ceux** produits en France ne se ressemblent pas du tout.*

França não se parecem nem um pouco.

• O uso do pronome neutro *ce*:

1. O pronome demonstrativo *ce* pode ser usado:

a) diante de um pronome relativo:

> *Demande ce que tu préfères.*
> Peça **aquilo que** (ou **o que**) você preferir.

> *Ce qui me gêne dans cette histoire c'est que Jean-Claude n'est pas honnête.*
> **Aquilo que** (ou **o que**) me incomoda nessa história é que Jean-Claude não é honesto.

> *Ce dont tu parles demande plus de réflexion.*
> **Aquilo de** que você está falando exige mais reflexão.

b) diante do *verbo être*, e neste caso não é traduzido:

> *C'est facile*
> É fácil

> *C'est lui*
> É ele

> *C'était évident*
> Era evidente

> *C'est une belle histoire*
> É uma bela história

OBSERVAÇÃO

A expressão *c'est* seguida por um adjetivo é geralmente utilizada no final da frase, enquanto a expressão *il est*, seguida
por um adjetivo, é utilizada no início da frase[1]:

> *Savoir l'astronomie, c'est intéressant.*
> *Il est intéressant de savoir l'astronomie.*
> É interessante conhecer astronomia.

> *Ursule sera là, c'est probable.*
> *Il est probable qu'Ursule soit là.*
> É provável que Úrsula esteja lá.

---

[1] A esse respeito, consulte também o Capítulo IV, sobre os Pronomes Pessoais.

VIII - L'INDÉFINI
(O INDEFINIDO)

Assim como os possessivos e os demonstrativos, há, na língua francesa, *pronoms indéfinis* e *adjectifs indéfinis*, que correspondem aos pronomes substantivos indefinidos e pronomes adjetivos indefinidos da língua portuguesa, respectivamente.

1. L'adjectif indéfini (O pronome adjetivo indefinido)

O *adjectif indéfini* acompanha um substantivo para indicar uma idéia vaga de quantidade, qualidade, semelhança ou diferença. Em geral ele concorda em gênero e número com o substantivo ao qual se refere:

> *Guy n'a jamais eu **aucun** vrai ami.*
> Guy nunca teve **nenhum** amigo verdadeiro.

> ***Certaines** autorités résistent à discuter avec le peuple.*
> **Certas** autoridades resistem em discutir com o povo.

> *Charles est parti sans **aucune** crédibilité.*
> Charles foi embora sem **nenhuma** credibilidade.

> *Un **autre** problème se pose.*
> Um **outro** problema se coloca.

> *Il faut chercher une **autre** solution.*
> É preciso encontrar uma **outra** solução.

> *Donne-moi une idée **quelconque**.*
> Dê-me uma idéia **qualquer**.

	MASCULINO	FEMININO
qualidade	*certain(s), quelque(s), n'importe quel(s), quelconque* (certo, certos ou algum, alguns, qualquer um)	*certaine(s), quelque(s), n'importe quelle(s), quelconque* (certa, certas ou alguma, algumas, qualquer uma)
quantidade	*certains, quelques, aucun, pas un, nul, divers, plusieurs, chaque, tout (tous), maint, maints* (alguns, nenhum, diversos, vários, cada, todo, todos, muito, muitos)	*aucune, pas une, nulle, diverses, plusieurs, quelques, certaines, chaque, toute(s), mainte, maintes* (nenhuma, diversas, várias, algumas, cada, toda, muita, muitas)
semelhança	*même(s), tel, tels* (mesmo, mesmos, tal, tais)	*même(s), telle, telles* (mesma, mesmas, tal, tais)
diferença	*autre* (outro, outra)	

2. Le pronom indéfini (O pronome substantivo indefinido)

O *pronom indéfini* indica uma pessoa, uma coisa ou uma idéia de maneira vaga e indeterminada.

> *Tu pourras dire **n'importe quoi** à Mireille. Elle est toujours contente de t'entendre.*

Você poderá dizer **qualquer coisa** a Mireille. Ela sempre fica feliz por ouvi-lo.

N'importe qui peut te remplacer.
Qualquer pessoa pode substituí-lo(la).

Quelqu'un sonne.
Alguém está tocando (a campainha).

Nul ne l'avait vue.
Ninguém a (ou o) havia visto.

*Ne vous fiez pas à **certains**.*
Não confie em certas pessoas.

MASCULINO	FEMININO	NEUTRO
aucun, nul, personne (algum ou nenhum, nenhum, ninguém)	*aucune, nulle, personne* (alguma ou nenhuma, nenhuma, ninguém)	*rien* (nada)
n'importe qui (qualquer pessoa)		*n'importe quoi* (qualquer coisa)
certains, plusieurs (alguns ou certos, vários)	*certaines, plusieurs* (algumas ou certas, várias)	
l'un, les uns, l'autre, les autres, un autre, d'autres, autrui (um, uns, outro, outros, outrem)	*l'une, les unes, l'autre, les autres, une autre, d'autres* (uma, umas, outra, outras)	
on, quelqu'un, quelques-uns (alguém, alguns)	*on, quelqu'une, quelques-unes* (alguém, algumas)	*quelque chose* (alguma coisa)

MASCULINO	FEMININO	NEUTRO
chacun (cada um)	*chacune* (cada uma)	
tel(s). le(s) même(s), tout, tous tal, tais, o(s) mesmo(s), todo(s)	*telle(s), la même, les mêmes, toute(s)* (tal, tais, a(s) mesma(s), toda(s))	*tout* (tudo)
l'un, les uns, l'autre, les autres, un autre, d'autres, autrui (um, uns, outro, outros, outrem)	*l'une, les unes, l'autre, les autres, une autre, d'autres* (uma, umas, outra, outras)	
quiconque (qualquer pessoa, quem quer que seja, seja quem for)		*quelconque* (qualquer, seja qual for)

- *Aucun(s)* e *aucune(s)*: nenhum (nenhuns), nenhuma (nenhumas).

Como são em geral acompanhados da partícula negativa *ne* ou da preposição *sans* (sem), são comumente traduzidos por nenhum (nenhuns), nenhuma (nenhumas).

> *Sa mère **ne** connaît **aucun** de ses amis.*
> Sua mãe **não** conhece **nenhum** de seus amigos.

> *Fernand a parlé **sans** qu'**aucun** le contredit.*
> Fernand falou **sem** que **ninguém** o contradissesse.

> *Je **n**'en ai **aucune** de terminée.*
> Eu **não** tenho **nenhuma** terminada.

• *Autre*: outro, outra

É usado para distinguir uma pessoa ou uma coisa de algo dito anteriormente:

> *Paul nous a envoyé un fax ce matin. Il va nous envoyer un **autre** bientôt.*
> Paul enviou-nos um fax hoje de manhã. Ele vai mandar um **outro** em breve.

• *L'un, l'autre*: um outro, uma outra

Indicam que se considera uma pessoa ou objeto de forma isolada, separada:

> *L'un pleure, **l'autre** crie.*
> **Um** grita, **o outro**, chora.

> *L'une travaille, **l'autre** s'amuse.*
> **Uma** trabalha, **a outra** se diverte.

• *Autrui*: outro, outrem

É usado para distinguir um conjunto de pessoas distintas de si mesmo:

> *Ne fais pas à **autrui** ce que tu ne voudrais pas qu'on te fît.*
> Não faça a **outrem** o que não gostaria que fizessem a você.

• *Certain, certaine, certains, certaines*: certo (s), certa (s), algum (a) alguns, algumas

Têm sentido indeterminado:

> ***Certains** détails ne devraient pas être mentionnés.*

Certos (ou **alguns**) detalhes não deveriam ser mencionados.

Certaines citations ne sont pas claires dans ce livre.
Certas (ou **algumas**) citações não estão claras neste livro.

Certains ne sont pas encore arrivés.
Alguns ainda não chegaram.

• *Chaque, chacun* e *chacune*: cada, cada um, cada uma
Aplicam-se a todas as pessoas ou coisas de um grupo, mas tomadas isoladamente:

Chacun de ses filleuls a un âge différent.
Cada um de seus afilhados tem uma idade diferente.

Chacune de ses remarques était très utile.
Cada uma de suas observações era muito útil.

• *Divers, diverses* e *plusieurs*: diversos, diversas e vários ou várias
Têm sempre um valor de plural:

Il y a plusieurs aliments qui me font du bien.
Há **vários** alimentos que me fazem bem.

Divers amis ont dit la vérité à Isadore.
Diversos amigos disseram a verdade a Isadore.

• *Maint, maints, mainte, maintes*: muito, muita, muitos, muitas
Mas na linguagem cotidiana são utilizados sobretudo no feminino plural:

Clémence a répété cela à maintes reprises.
Clémence repetiu isso **muitas** vezes.

*Christian lui a fait des déclarations d'amour **maintes** et **maintes** fois.*
Christian lhe fez declarações de amor **muitas** e **muitas** vezes.

• *Personne* e *rien*: ninguém e nada
São em geral acompanhados de negação ou precedidos da preposição *sans* (sem):

*Rien **ne** me gêne.*
Nada me incomoda.

*Christophe **ne** dit jamais **rien**.*
Christophe nunca diz **nada**.

*Albert est parti sans **rien** dire.*
Albert foi embora sem dizer **nada**.

*Personne **n'**arrive à l'heure.*
Ninguém chega na hora.

*Blanche **n'**a vu **personne**.*
Blanche **não** viu **ninguém**.

• *Quelconque* e *quiconque*: qualquer:

Quiconque arrive aura un cadeau.
Quem quer que chegue vai receber um presente (ou: **qualquer pessoa que chegar**).

quelconque tem um sentido específico quando aparece no final da frase:

*Il est un homme **quelconque**.*
Ele é um homem insignificante.

• *Quelqu'un, quelqu'une, quelques-uns, quelques-unes*:
alguém, alguma, alguns, algumas
designam no singular uma pessoa indeterminada (alguém[1]) e,
no plural, um número indeterminado:

> *Est-ce que **quelqu'un** a des questions?*
> **Alguém** tem perguntas?

> *Tu avais déjà vu ces fleurs? **Quelques-unes** ont été
> cueillies dans ton jardin.*
> Você já tinha visto estas flores? **Algumas** foram colhidas
> em seu jardim.

• *On* designa pessoas de forma imprecisa. Pode ser traduzido por
"alguém", pelo pronome "se" indeterminado em português,
por "a gente", no sentido de "nós", ou por alguma outra forma
de indeterminação:

> *On ne peut pas fumer ici.*
> Não **se** pode fumar aqui.

> *On est arrivé à l'heure.*
> **A gente** chegou na hora.

> *On frappe à la porte.*
> **Estão batendo** na porta (ou: Alguém está batendo na
> porta).

On trouvera dans cet ouvrage des concepts intéressants.
Encontraremos nesta obra conceitos interessantes.
ou: O leitor encontrará nesta obra conceitos interessantes.

---

[1] Em português o termo *alguém* é neutro, mas em francês *quelqu'un* é utilizado para
o masculino e *quelqu'une* para o feminino.

OBSERVAÇÃO

Quando o pronome *on* vier após palavras terminadas por vogal, pode-se acrescentar, para evitar cacófato, a partícula *l'*, que não tem, neste caso, nenhum sentido específico, não sendo traduzida em português:

Il faut que l'on fasse attention au discours du président.
É preciso prest**ar** atenção no discurso do presidente.

• *Tout* pode ser classificado de maneiras distintas, tendo funções e sentidos diferenciados[2]:

1. Substantivo masculino: **tout** (tudo)

> *Nous prendrons le **tout**.*
> Nós levaremos **tudo**.

2. Pronome indefinido:

a) neutro: **tout** (tudo)

> ***Tout** va bien dans le meilleur des mondes.* (Voltaire)
> Vai **tudo** bem no melhor dos mundos.

b) masculino plural (***tous***[3]) ou feminino plural (***toutes***):

> *Les étudiants sont-ils arrivés? — Oui, ils sont **tous** venus.*
> Os estudantes chegaram? — Sim, vieram **todos** (ou: **Todos** vieram).
> *Les mères vont-elles participer de la fête? — Oui, **toutes**.*
> As mães vão participar da festa? — Sim, **todas** (ou: Sim, **todas** vão participar).

---

[2] Consultar o Capítulo XIV, 1, para *tout* como advérbio.
[3] Neste caso, pronuncia-se o **s** final: [**tus**].

3. Pronome indefinido com valor de adjetivo (*adjectif indéfini*)
(*tout, tous, toute, toutes*):

a) no lugar do artigo:

•• cada, todo:
> **Tout** *travail mérite salaire.*
> **Todo** trabalho merece salário.

•• único, única:
> *Pour* **toute** *consolation, Sophie avait la poésie.*
> Como **único** consolo, Sophie tinha a poesia.

•• total, completo, completa:
> *En* **toute** *franchise.*
> Com toda a franqueza.

b) como determinante complementar, seguido por um artigo
ou outro determinante, exceto outro indefinido:

•• todo, toda, inteiro, inteira:
> **Tout** *l'immeuble a été détruit.*
> O edifício **inteiro** foi destruído.

•• único, única:
> **Tout** *le problème a été l'identification des victimes.*
> O **único** problema foi a identificação das vítimas.

•• todos, todas (na totalidade):
> **Tous** *les invités sont déjà partis.*
> **Todos** os convidados já foram embora.

•• a cada (idéia de periodicidade)
> *Le train pour Dijon part* **toutes** *les deux heures.*
> O trem para Dijon sai **a cada** duas horas.

IX - LE PRONOM RELATIF
(O PRONOME RELATIVO)

O pronome relativo é aquele que estabelece uma relação entre um substantivo ou um pronome que ele representa e uma oração subordinada. Todos os pronomes relativos, com exceção de *dont*, são também pronomes interrogativos.

O pronome relativo pode ser simples (invariável) ou composto (variável).

1. Le pronom relatif simple ou invariable (O pronome relativo simples ou invariável)

PRONOME	TRADUÇÃO
QUI	QUE, QUEM
QUE	QUE, O QUE
QUOI	O QUE
DONT	CUJO, CUJA, CUJOS, CUJAS
	DO(A) QUAL, DOS(AS) QUAIS
OÙ	ONDE, EM QUE

1.1. Qui

O pronome relativo *qui* tem, em geral, a função de sujeito e pode ser traduzido por **que** ou **quem** em português:

*La dame **qui** est arrivée la dernière a oublié ses gants ici.*
A senhora **que** chegou por último esqueceu as suas luvas
(ou: as luvas dela) aqui.

*Les voitures **qui** me plaisent coûtent très cher.*
Os carros **que** me agradam custam muito caro.

***Qui** arrive le premier a le droit de choisir.*
Quem chega primeiro tem direito de escolher.

*Monique sait bien **qui** Martine préfère.*
Monique sabe muito bem **quem** Martine prefere.

1.2. Que

Geralmente o pronome relativo *que* tem a função de objeto direto e é traduzido por **que**:

*L'homme **que** j'ai vu hier avec toi était très sympathique.*
O homem **que** eu vi ontem com você era muito simpático.

*Le cadeau **qu'**Eric lui a donné n'était pas très joli.*
O presente **que** Eric lhe deu não era muito bonito.

MAS também pode ser predicativo do sujeito ou adjunto adverbial de tempo:

*Heureux **que** vous êtes de partir plus tôt.*
Felizes são vocês por irem embora mais cedo.

*La première fois **que** je t'ai vu, mon coeur a fait des
bonds dans ma poitrine.*
A primeira vez **em que** eu te (o, a) vi, meu coração
pulou em meu peito.

1.3. Quoi

O pronome relativo *quoi* tem sempre a função de objeto indireto e se traduz por **que**:

> *Ce à **quoi** Thierry pense toujours.*
> Aquilo em **que** Thierry pensa sempre.

> *La seule chose à **quoi** Sabine tient est son travail.*
> A única coisa **que** importa para Sabine é seu trabalho.

1.4. Dont

Dont pode ser traduzido por *de que, do qual, da qual, dos quais, das quais, cujo, cuja, cujos, cujas* e de outras formas, dependendo da regência do verbo em francês, isto é, da preposição exigida pelo verbo em francês, que pode ser diferente da do português. ***Dont*** é o único pronome relativo em francês que não pode ser preposicionado.

> *Connaissez-vous ce livre **dont** l'auteur a reçu le Prix Nobel?*
> Você conhece este livro **cujo** autor ganhou o Prêmio Nobel?

> *La maladie **dont** elle souffre n'est pas grave.*
> A doença **de que** (ou: da qual) ela sofre não é grave.

> *Un homme **dont** la personnalité est forte.*
> Um homem **cuja** personalidade é forte.

> *Je connais bien cette famille **dont** les enfants sont très bruyants.*
> Conheço muito bem esta família **cujas** crianças são muito barulhentas.

> *La façon **dont** vous chantez est très agréable.*
> A forma **como** você canta é muito agradável.

1.5. Où

Où pode ser traduzido por **em que**, na função de adjunto adverbial de tempo ou de lugar. Como adjunto adverbial de lugar pode ser traduzido por **onde**.

> *La salle où nous avons nos cours est trop petite.*
> A sala **onde** temos (nossas) aulas é pequena demais.

> *La ville où Mireille habite est belle.*
> A cidade **onde** Mireille mora é bonita.

> *Le téléphone a sonné juste au moment où Bernard est arrivé.*
> O telefone tocou bem no momento **em que** Bernard chegou.

> *Le jour où le petit Daniel est né il faisait une chaleur épouvantable.*
> No dia **em que** o pequeno Daniel nasceu fazia um calor horrível.

2. *Le pronom relatif composé ou variable (O pronome relativo composto ou variável)*

MASC. SG.	FEM. SG.	MASC. PL.	FEM. PL.
Lequel[1] (o qual)	*laquelle* (a qual)	*lesquels* (os quais)	*lesquelles* (as quais)
duquel (do qual)	*de laquelle* (da qual)	*desquels* (dos quais)	*desquelles* (das quais)
auquel (ao qual)	*à laquelle* (à qual)	*auxquels* (aos quais)	*auxquelles* (às quais)

---

[1] Consulte também o Capítulo XIV, 1.6, sobre os Advérbios de Interrogação

O uso do pronome relativo composto preposicionado é obrigatório:

• quando o antecedente for nome de coisa ou animal:

> *Les enfants aiment les jeux électroniques, **auxquels** ils dédient tout leur temps.*
> As crianças gostam de jogos eletrônicos, aos quais dedicam todo o seu tempo.

> *Le chat avec **lequel** il vit aime le lait chaud.*
> O gato **com o qual** ele vive gosta de leite quente.

• quando for precedido de **parmi** e **entre**:

> *Les étudiants **parmi lesquels** Jacques devait travailler font trop de bruit.*
> Os alunos **entre os quais** Jacques devia trabalhar fazem muito barulho.

> *Les voitures **entre lesquelles** Arthur s'était garé étaient rouges.*
> Os carros **entre os quais** Arthur estacionou eram vermelhos.

• para evitar equívoco, embora o antecedente seja pessoa:

> *Catherine a parlé à la mère de Monsieur Legrand, **laquelle** était malade.*
> Catherine falou com a mãe do Senhor Legrand, **a qual** estava doente.

• Quando é feita uma referência a pessoas, prefere-se o uso de *dont* a *de qui*. Quando a referência é feita a coisas, também se prefere *dont* a *duquel* ou *de laquelle*.

> *Alain, **dont** le père est médecin, veut être dentiste.*
> Alain, **cujo** pai é médico, quer ser dentista.

> *La table **dont** je me sers pour travailler doit être réparée.*
> A mesa **da qual** me sirvo para trabalhar deve ser consertada.

MAS o uso do pronome relativo composto preposicionado pode ser facultativo em frases como:

> *L'ami **avec lequel** (ou avec **qui**) je suis parti en voyage.*
> O amigo com **o qual** (ou com **quem**) eu viajei.

> *L'école **dans laquelle** (ou **où**) il étudie.*
> A escola **na qual** (ou **onde**) ele estuda.

X - L'INTERROGATIF
(O INTERROGATIVO)

Assim como os possessivos e os demonstrativos, também os interrogativos dividem-se em *adjectifs* e *pronoms*, correspondendo ao que se designa em português de pronome adjetivo interrogativo e pronome substantivo interrogativo, respectivamente.

1. L'adjectif interrogatif (O pronome adjetivo interrogativo)

Conforme seu nome indica, o *adjectif interrogatif* acompanha o substantivo e pode ser traduzido por **qual**, **quais** ou **que**.

	SINGULAR	PLURAL
MASC.	quel	quels
FEM.	quelle	quelles

Quel étudiant est arrivé le premier?
Que aluno chegou primeiro?

Quelle poésie préfères-tu?
Que poesia você prefere?

Quels sont tes problèmes?
Quais são os teus (ou: os seus) problemas?

Quelles sont vos préoccupations?
Quais são as suas preocupações?

2. Le pronom interrogatif (O pronome substantivo interrogativo)

Conforme seu nome indica, o *pronom interrogatif* é usado no lugar do substantivo. Sua forma é idêntica à dos pronomes relativos *qui*, *que*, *quoi* e *lequel*.
Ele varia de acordo com sua função sintática, isto é, se for sujeito, objeto direto, objeto indireto ou adjunto adverbial.

> *Qui va t'accompagner cet après-midi?*
> **Quem** vai acompanhá-lo(a) hoje à tarde?

> *Que veux-tu?*
> **O que** você quer?

> *Quoi? Qu'est-ce qu'elle dit?*
> **O quê? O que** ela está dizendo?

O *pronom interrogatif* pode vir acompanhado pela expressão *est-ce qui* ou *est-ce que*, transformando-se dessa maneira numa forma composta.

2.1. Interrogativos para pessoas

FUNÇÃO	FORMAS SIMPLES	FORMAS COMPOSTAS	TRADUÇÃO
Sujeito	*Qui est là?*	*Qui est-ce qui est là?*	**Quem** está aí?
Objeto direto	*Que fais-tu?*	*Qu'est-ce que tu fais?*	**O que** você está fazendo?
Objeto indireto	*A qui parlez-vous?*	*A qui est-ce que vous parlez?*	**Com quem** você está falando?
Adjunto adverbial	*Avec qui sortez-vous?*	*Avec qui est-ce que vous sortez?*	**Com quem** você está saindo?
Complemento do Substantivo	*De qui* a-t-on pris l'avis?	*De qui est-ce qu'on a pris l'avis?*	**De quem** se pediu a opinião?

FUNÇÃO	FORMAS SIMPLES	FORMAS COMPOSTAS	TRADUÇÃO
Complemento do Adjetivo	*De qui est-il jaloux?*	*De qui est-ce qu'il est jaloux?*	Ele está com ciúmes **de quem**?
Complemento de Agente	*Par qui fut-elle nommée?*	*Par qui est-ce qu'elle fut nommée?*	**Por quem** ela foi nomeada?

2.2. Interrogativos para coisas

FUNÇÃO	FORMAS SIMPLES	FORMAS COMPOSTAS	TRADUÇÃO
Sujeito	*Que se passe-t-il?*	*Qu'est-ce qui se passe?*	**O que** está acontecendo?
Objeto direto	*Que faites-vous?* *Que répondre?*	*Qu'est-ce que vous faites?*	**O que** você está fazendo? *Responder o quê?*
Objeto indireto	*A quoi pensez-vous?*	*A quoi est-ce que vous pensez?*	**Em que** você está pensando?
Adjunto adverbial	*Avec quoi travaillez-vous?*	*Avec quoi est-ce que vous travaillez?*	**Com o que** você está trabalhando?

2.3. Uso de *lequel* com valor interrogativo:

Lequel é usado tanto para coisas como para pessoas. Em geral, indica uma preferência:

Lequel de ces élèves est dans votre salle?
Qual destes alunos está na sua sala?

Lequel des deux livres est le meilleur?
Qual dos dois livros é o melhor?

Auquel des interlocuteurs vous adressez-vous?
A qual dos interlocutores você está se dirigindo?

Duquel de ces écrivains parlez-vous?
De qual destes escritores você está falando?

XI - LES ADJECTIFS NUMÉRAUX
(OS NUMERAIS)

Os *adjectifs numéraux* (numerais) indicam o número dos seres e a ordem que ocupam em uma série. Subdividem-se em *cardinaux* (cardinais) e *ordinaux* (ordinais), ao contrário da gramática da língua portuguesa, que os classifica de quatro modos: cardinais, ordinais, multiplicativos e fracionários. Na gramática francesa, estes últimos são designados simplesmente como *mots multiplicatifs et fractionnaires* (palavras multiplicativas e fracionárias).

1. Numéraux cardinaux (Numerais cardinais)

Os *adjectifs numéraux cardinaux* (numerais cardinais) são aqueles que indicam o número (*le nombre*) preciso dos seres ou dos objetos designados pelo substantivo. Os algarismos (*les chiffres*) utilizados para grafá-los são romanos (*romains*) ou arábicos (*arabes*).

> *2 - deux disquettes* (dois disquetes)
> *20 - vingt sculptures* (vinte esculturas)

0. zéro
1. un
2. deux
3. trois
4. quatre
5. cinq
6. six
7. sept

8. huit
9. neuf
10. dix
11. onze
12. douze
13. treize
14. quatorze
15. quinze
16. seize
17. dix-sept
18. dix-huit
19. dix-neuf
20. vingt
21. vingt et un
22. vingt-deux
23. vingt-trois
24. vingt-quatre
25. vingt-cinq
26. vingt-six
27. vingt-sept
28. vingt-huit
29. vingt-neuf
30. trente
40. quarante
50. cinquante
60. soixante
70. soixante-dix[1]
71. soixante et onze
72. soixante-douze
73. soixante-treize
74. soixante-quatorze

---

[1] Em algumas regiões da França, na Bélgica e na Suíça usa-se *septante*.

75. soixante-quinze
76. soixante-seize
77. soixante-dix-sept
78. soixante-dix-huit
79. soixante-dix-neuf
80. quatre vingts[2]
81. quatre-vingt-un
82. quatre-vingt-deux
83. quatre-vingt-trois
84. quatre-vingt-quatre
85. quatre-vingt-cinq
86. quatre-vingt-six
87. quatre-vingt-sept
88. quatre-vingt-huit
89. quatre-vingt-neuf
90. quatre-vingt-dix[3]
91. quatre-vingt-onze
92. quatre-vingt-douze
93. quatre-vingt-treize
94. quatre-vingt-quatorze
95. quatre-vingt-quinze
96. quatre-vingt-seize
97. quatre-vingt-dix-sept
98. quatre-vingt-dix-huit
99. quatre-vingt-dix-neuf
100. cent
101. cent un
200. deux cents
300. trois cents
400. quatre cents

---

[2] Em algumas regiões da França, na Bélgica e na Suíça usa-se *huitante* ou *octante*.
[3] Em algumas regiões da França, na Bélgica e na Suíça usa-se *nonante.*

500. cinq cents
600. six cents
700. sept cents
800. huit cents
900. neuf cents
1.000. mille
1.001. mille un
1.002. mille deux
10.000. dix mille
100.000. cent mille
1.000.000. un million
1.000.000.000. un milliard

• Empregam-se os numerais cardinais para indicar:

a) o lugar de um soberano em uma dinastia:

> *Louis quatorze*
> Luís catorze

MAS diz-se

> *François premier*
> Francisco primeiro

b) o capítulo de um livro:

> *Chapitre huit*
> Capítulo oito

c) o primeiro dia do mês:

> *Le premier août*
> Primeiro de agosto

d) a numeração de páginas, casas, apartamentos, quartos de hotel, cabines e poltronas:

> *Au Palais Garnier, je prends toujours **la place 23**.*
> No Teatro *Palais Garnier* eu fico sempre **no lugar 23**.

> *On ne peut pas s'asseoir **à la place 12** parce qu'elle a été réservée.*
> Não podemos nos sentar **no lugar de número 12** porque ele foi reservado.

> *La famille Delacroix habite **au 11, rue Malherbe**.*
> A família Delacroix mora **no número 11** da rua Malherbe.

2. Numéraux ordinaux (Numerais ordinais)

Os *adjectifs numéraux ordinaux* (numerais ordinais) são os que indicam a **ordem** dos seres ou dos objetos dos quais se fala, numa série. São formados, em sua maior parte, pelos números cardinais acrescidos do sufixo *-ième*. Eles concordam em gênero e número com o substantivo.

> *C'est la **dixième** fois que Céleste prend le TGV pour Lille.*
> É a **décima** vez que Céleste toma o TGV para Lille.

Os numerais ordinais são abreviados colocando-se $^{-e}$ após o número ao qual nos referimos, com exceção do número *un* (um), ao qual se acrescenta $^{-er}$ para o masculino e $^{-ère}$ para o feminino:

1er - premier; 1ère - première
2e - deuxième, ou second, seconde

3e - troisième
4e - quatrième
5e - cinquième
6e - sixième
7e - septième
8e - huitième
9e - neuvième
10e - dixième
11e - onzième
12e - douzième
13e - treizième
14e - quatorzième
15e - quinzième
16e - seizième
17e - dix-septième
18e - dix-huitième
19e - dix-neuvième
20e - vingtième
21e - vingt et unième
22e - vingt-deuxième
30e - trentième
40e - quarantième
50e - cinquantième
60e - soixantième
70e - soixante-dixième
71e - soixante-onzième
80e - quatre-vingtième
81e - quatre-vingt-unième
90e - quatre-vingt-dixième
91e - quatre-vingt-onzième
100e - centième
101e - cent unième
102e - cent-deuxième

200e - deux-centième
300e - trois-centième
400e - quatre-centième
500e - cinq-centième
600e - six-centième
700e - sept-centième
800e - huit-centième
900e - neuf-centième
1.000^e - millième
1.001^e - mille unième

As datas podem ser ditas de duas maneiras:

> *Le huit mars 1912 (**mil neuf cent douze**)*
> Oito de março de 1912 (mil novecentos e doze)

> *Le huit mars 1912 (**dix-neuf cent douze**)*
> Oito de março de 1912 (mil novecentos e doze)

Em geral, utiliza-se *mille* em vez de *mil*. Este é conservado facultativamente em numerais compostos que indicam datas:

> *L'an **mille***
> O ano **mil**

> ***mil** neuf cents quatre-vingt-dix-sept* ou
> ***mille** neuf cents quatre-vingt-dix-sept*
> **mil** novecentos e noventa e sete

> *L'an deux **mille***
> O ano dois **mil**

> *Trois **mille** francs*
> Três **mil** francos

Os numerais multiplicativos são designados em francês por *mots multiplicatifs* (palavras multiplicativas) e designam quantidade

multiplicativa:
*La viande, ici, coûte le **double** du prix.*
A carne, aqui, custa o **dobro** do preço.

double
dobro

triple
triplo

quadruple
quádruplo

quintuple
quíntuplo

sextuple
sêxtuplo

décuple
décuplo

centuple
cêntuplo

Os numerais fracionários são designados em francês por *fractions* (frações). Todos eles se confundem, quanto à forma, com os adjetivos ordinais:

> *le **quatrième** de la somme*
> **um quarto** (1/4) da soma

MAS diz-se:

> *un **demi**-gâteau*
> **a metade** do doce (diz-se também *la moitié du gâteau*)
>
> *le **tiers** de la page*

o terço da página
le quart du litre
um quarto do litro

Estão ainda relacionados com os numerais:

a) as palavras terminadas por *-ain*, *-aine*, *-aire*, que tanto podem indicar uma quantidade exata quanto aproximada:

*une **douzaine** d'œufs*
uma dúzia de ovos

*une **douzaine** de garçons*
uns doze garotos (cerca de doze)

un garçon d'une douzaine d'années
um menino de aproximadamente doze anos

paire
par

dizaine
dezena

douzaine
dúzia

vingtaine
vintena

quadragénaire
quadragenário, quadragenária

sexagénaire
sexagenário, sexagenária

b) Na linguagem musical temos:

> *duo*
> dueto
>
> *trio*
> trio
>
> *quatuor*
> quarteto

3. Genre et nombre des numéraux (Flexão dos numerais)

• Os numerais cardinais são invariáveis em gênero e número, com exceção de:

a) ***un - une*** (um, uma), que apresentam variação de gênero;

b) ***cent*** (cento, centena), que apresenta variação de número:

> 200 - deux cents
> 300 - trois cents
> 400 - quatre cents
> 500 - cinq cents
> 600 - six cents
> 700 - sept cents
> 800 - huit cents
> 900 - neuf cents

c) ***million*** (milhão), que apresenta variação de número:

> 2.000.000 - deux millions

• Os numerais ordinais apresentam variação de gênero e número para:

> 1er - 1ère
> ***le premier*** (o primeiro) - ***la première*** (a primeira)
> ***les premiers*** (os primeiros) - ***les premières*** (as primeiras)

- Com todos os outros numerais, varia apenas o artigo que os acompanha, no masculino ou no feminino, singular ou plural:

  2ᵉ

  le deuxième ou *le second* (o segundo) - *la deuxième* ou *la seconde* (a segunda)

  les deuxièmes ou *les secondes* (os segundos, as segundas)

  5ᵉ

  le cinquième (o quinto) - *la cinquième* (a quinta)

  les cinquièmes (os quintos, as quintas)

Os numerais cardinais são utilizados para designar as horas, juntamente com a expressão *Il est*:

  6h - *Il est six heures* (São seis horas)
  6h05 - *Il est six heures cinq* (São seis e cinco)
  6h15 - *Il est six heures et quart* (São seis e quinze)
  6h30 - *Il est six heures et demie* ou *Il est six heures trente* (São seis e meia)
  6h45 - *Il est six heures et quarante-cinq minutes* ou
  Il est sept heures moins le quart (esta forma é bem mais usada)
  (São seis e quarenta e cinco ou: Faltam quinze para as sete)

- Em francês as palavras segundo e minuto são femininas: *la minute, la seconde.*

  *Il est minuit moins **une**.*
  Falta um minuto para a meia-noite.

  *Il venait frapper à ma porte toutes les vingt **secondes**.*
  Ele vinha bater à minha porta a cada vinte **segundos**.

XII - LES FORMES DE L'ÉNONCÉ
(AS FORMAS DO ENUNCIADO)

A estrutura da frase francesa divide-se em: interrogativa, afirmativa, negativa e exclamativa. No que diz respeito às frases interrogativas, elas são particularmente marcadas pela utilização de pronomes e advérbios específicos, além de possuírem uma disposição particular na ordem das palavras e na modulação da entonação. A frase negativa diferencia-se da afirmativa apenas através das partículas negativas (em geral *ne* e *pas*). Quanto à frase exclamativa, distingue-se pela utilização de algumas interjeições e pela entonação, além do ponto exclamativo utilizado no final da frase.

1. Forme Interrogative (Forma interrogativa)

Há várias formas de se formular uma pergunta em francês:

• mantendo-se a mesma ordem das palavras da forma afirmativa, dando-se apenas a entonação de pergunta:

> *Isabelle, tu vas au marché?*
> Isabelle, você vai à feira? (ou: Você vai à feira, Isabelle?)

> *Juliette nage bien?*
> Juliette nada bem?

• acrescentando-se a expressão *est-ce que* antes da frase afirmativa:

> *Est-ce que tu vas au marché, Isabelle?*
> Você vai à feira, Isabelle? (ou: Isabelle, você vai à feira?)

>   ***Est-ce que** Juliette nage bien?*
>   Juliette nada bem?

• fazendo-se a inversão do pronome pessoal sujeito com o verbo:
>   *Allez-vous au marché, Isabelle?*
>   Vai você à feira, Isabelle? (ou: Você vai à feira,
>   Isabelle?)

Na terceira pessoal do singular de um verbo terminado por vogal,
acrescenta-se um **t** de ligação:

>   *Juliette nage-**t**-elle bien?*
>   Juliette nada bem?

• retomando-se o nome com um pronome posposto ao verbo:

>   ***Yann** est-**il** breton?*
>   Yann é bretão?

• com pronomes ou advérbios interrogativos, podendo-se ou não
  usar a expressão ***est-ce que*** ou ***est-ce qui***:

>   ***Qui** est là?* Ou: ***Qui est-ce qui** est là?*
>   **Quem** está aí?

>   ***Que** fais-tu?* Ou: ***Qu'est-ce que** tu fais?*
>   O que você está fazendo?

>   ***Quand** Marcelle arrive?* Ou: ***Quand est-ce que** Marcelle
>   arrive?*
>   **Quando** Marcelle chega?

>   ***Où** as-tu mis mon journal?* Ou: ***Où est-ce que** tu as mis
>   mon journal?*
>   **Onde** você colocou o meu jornal?

Comment allez-vous? Ou: *Comment est-ce que vous allez?*
Como vai você?

Pourquoi est Aurélie partie tellement vite? Ou:
Pourquoi est-ce qu'Aurélie est partie tellement vite?
Por que Aurélie foi embora tão rapidamente?

Combien de personnes vont à la réunion?
Quantas pessoas vão à reunião?

Quel est votre prénom?
Qual o seu nome?

Quelles sont vos préoccupations?
Quais são as suas preocupações?

• Além das formas diretas relacionadas acima, a interrogação em francês também pode ser formulada de maneira direta ou indireta. É o que se designa também de discurso (ou estilo) direto ou indireto.

•• O discurso ou estilo direto reproduz textualmente as palavras ditas ou o pensamento de alguém. É expresso através de uma oração principal, caracterizada na escrita por um ponto de interrogação, e na fala através da entonação, que se eleva progressivamente no final da frase:

As-tu vu ce film?
Você já viu esse filme?

Laurent dit: «Je me sens fatigué et je vais prendre quelques jours de vacances; j'irai me reposer en Bretagne chez mes tantes»

Laurent diz: «Estou cansado e vou tirar alguns dias de
férias; vou descansar na Bretanha, na casa de minhas
tias»

•• O discurso ou estilo indireto transporta as palavras pronun-
ciadas ou os pensamentos de alguém indiretamente, por intermédio do narrador que apresenta ao interlocutor não o texto,
mas o seu conteúdo. Essa interrogação é expressa dependendo
de uma oração principal na qual o verbo indica que se está perguntando alguma coisa, ou cujo sentido geral implica a idéia de
uma interrogação. Essa interrogação comporta uma oração
subordinada que contém o objeto da interrogação e é pronunciada como uma frase comum, não sendo marcada, na escrita,
pelo ponto de interrogação.

Je demande si tu as vu ce film.
Eu quero saber se você viu esse filme.
ou : Estou perguntando se você viu esse filme.

*Laurent a dit qu'il se sentait fatigué et qu'il allait pren-
dre quelques jours de vacances; qu'il irait se reposer en
Bretagne, chez ses tantes.*
Laurent disse que estava cansado e que iria tirar alguns
dias de férias; que iria descansar na Bretanha, na casa de
suas tias.

Às vezes as frases do discurso indireto apresentam-se sem uma
frase principal, sem a palavra *que* subordinando as orações e
com o verbo *dire* (dizer) estando implicitamente contido no
que precede. Trata-se do discurso indireto livre :

*Laurent se sentait fatigué et il allait prendre quelques
jours de vacances; il irait se reposer en Bretagne, chez
ses tantes.*

>   Laurent estava cansado e ia tirar alguns dias de férias;
>   iria descansar na Bretanha, na casa de suas tias.

Quando a interrogação direta é introduzida por uma palavra interrogativa, esta não sofre alteração na passagem para a interrogação indireta.

Interrogação direta:

>   *Quel* est votre prénom?
>   Qual é o seu nome?
>
>   *Qui* appelez-vous?
>   Quem você está chamando? ou: Para quem você está
>   telefonando?

Interrogação indireta:

>   Je demande *quel* est votre prénom.
>   Estou perguntando qual é o seu nome.
>
>   Je demande *qui* vous appelez.
>   Estou perguntando quem você está chamando.
>   ou: Estou perguntando para quem você está telefonando.

•• Na passagem da interrogação direta à interrogação indireta, podem ocorrer algumas transformações:

a) *est-ce que* diante de um sujeito corresponde à conjunção *si*:

Interrogação direta:

>   *Est-ce que* Roger fait grève?
>   Roger está fazendo greve?

Interrogação indireta:

> *Je demande **si** Roger fait grève.*
> Estou perguntando se Roger está fazendo greve.

b) o pronome interrogativo neutro *que* diante de um verbo em um modo pessoal corresponde a *ce que*:

Interrogação direta:

> *Que dites-vous?*
> O que vocês estão dizendo?
> ou: O que você (o senhor, a senhora) está dizendo?

Interrogação indireta:

> *Je demande **ce que** vous dites*
> Estou perguntando o que vocês estão dizendo.
> ou: Estou perguntando o que você (o senhor, a senhora) está dizendo.

c) *qu'est-ce qui* corresponde a *ce qui*:

Interrogação direta:

> *Qu'est-ce qui arrive?*
> O que está acontecendo?

Interrogação indireta:

> *Je demande **ce qui** arrive.*
> Estou perguntando o que está acontecendo

Na transposição do discurso direto para discurso indireto há algumas modificações de modo ou de tempo verbal assim como uma mudança de pessoa:

•• O modo imperativo pode ser substituído pelo modo subjuntivo ou pelo infinitivo. Os outros modos não sofrem nenhuma mudança.

Discurso direto:

> *La mère de Raphaël lui dit: Mange!*
> A mãe de Raphaël lhe diz: Coma!

Discurso indireto:

> *La mère de Raphaël lui dit de manger.*
> A mãe de Rafael lhe diz para comer.

•• Mudança no tempo verbal:

Quando a oração principal encontra-se no presente ou no futuro, não há nenhuma mudança quanto ao emprego dos tempos na transposição do discurso direto em discurso indireto ou inversamente.

Presente:

Discurso direto:

> *On lui demande: «Vous êtes volontaire?»*
> Perguntam-lhe: «Você (o senhor, a senhora) é voluntário (voluntária)?

Discurso indireto:

> *On lui demande s'il (elle) est volontaire.*
> Perguntam-lhe se ele (ela) é voluntário (voluntária).

Futuro:

Discurso direto:

> *Le conférencier affirme: «Je répondrai aux questions qu'on me posera».*
> O conferencista afirma: «Eu responderei às perguntas que me fizerem».

Discurso indireto:

> *Le conférencier affirme qu'il répondra aux questions qu'on lui posera.*
> O conferencista afirma que responderá às perguntas que lhe fizerem.

MAS quando a oração principal encontra-se no passado, ocorrem alterações:

Discurso direto:

> *Je l'invitai. Il répondit: «Je n'ai pas le temps».*
> Eu o convidei. Ele respondeu: «Não tenho tempo».

Discurso indireto:

> *Je l'invitai. Il répondit qu'il n'avait pas le temps.*
> Eu o convidei. Ele respondeu que não tinha tempo.

•• Mudança nas pessoas verbais:

Discurso direto:

> *On m'a demandé: «Êtes-vous disponible?»*
> Perguntaram-me: «Você está disponível?»

Discurso indireto:

> *On m'a demandé si j'étais disponible.*
> Perguntaram-me se eu estava disponível.

Também pode haver mudança nos pronomes pessoais, possessivos, demonstrativos ou advérbios:

a) pronomes pessoais:

Discurso direto:

> *Mon cousin demande: «Venez-vous avec moi?»*
> Meu primo pergunta: «Você vem comigo?»

Discurso indireto:

> *Mon cousin demande si je viens avec lui.*
> Meu primo pergunta se eu vou com ele.

b) possessivos:

Discurso direto:

> *Mon honneur est sauf.*
> Minha honra está salva.

Discurso indireto:

> *Il a dit que son honneur est sauf.*
> Ele disse que sua honra está salva.

c) demonstrativos:

Discurso direto:

> *Je n'ai jusqu'ici rien obtenu.*
> Até o presente momento não obtive nada.

Discurso indireto:

> *Il a dit qu'il n'avait jusque-là rien obtenu.*
> Ele disse que até aquele momento nada tinha obtido.

2. Forme Affirmative (Forma afirmativa)

Existem duas maneiras para responder afirmativamente a frases interrogativas em francês: através dos advérbios *oui* e *si*.

> *Notre ami s'en va maintenant? - **Oui**, malheureusement il s'en va.*
> Nosso amigo vai embora agora? - Vai, infelizmente ele vai (ou: Sim, infelizmente ele vai).
>
> *Il ne revient plus ce soir? -**Si**, il revient.*
> **Ele** não volta mais esta noite? Volta, volta **sim** (ou: Sim, ele volta).

3. Forme Négative (Forma negativa)

Há várias formas de se construir a forma negativa em francês:

• A partícula **NE** seguida pelo verbo, seguido, por sua vez, por um advérbio de negação. Essa palavra geralmente é **PAS,** que não se traduz em português, mas também pode ser outro termo que traga alguma nuança para a negação:

> *Je vois.*
> Eu vejo (Ou: eu estou vendo).
>
> *Je ne vois pas.*
> Eu **não** vejo (ou: Eu **não** estou vendo).
>
> *Je ne vois rien.*
> Eu **não** vejo (ou: Eu **não** estou vendo **nada**).
>
> *Je ne vois jamais.*
> Eu **não** vejo nunca.
>
> *Je ne vois personne.*

Eu **não** vejo ninguém (ou: Eu **não** estou vendo **ninguém**).

Je ne vois aucun problème.
Eu **não** vejo nenhum problema (ou: Eu **não** estou vendo **nenhum** problema).

Je ne vois aucune difficulté.
Eu **não** vejo nenhuma dificuldade (ou: Eu **não** estou vendo **nenhuma** dificuldade).

Je ne vois plus.
Eu **não** vejo mais (ou: Eu **não** estou vendo **mais**).

Je ne vois ni l'un ni l'autre.
Eu não vejo **nem** um **nem** o outro (ou: Não estou vendo **nem** um **nem** outro).

A mesma estrutura pode ocorrer em outra ordem:

Personne ne me voit.
Ninguém me vê (ou: Ninguém está me vendo).

Rien ne me gêne.
Nada me incomoda (ou: Nada está me incomodando).

Aucun doute *n'*est permis.
Nenhuma dúvida é permitida.

• Também podem ocorrer várias negações na mesma frase:

Corinne ne comprend jamais rien.
Corinne **nunca** entende **nada**.

Personne ne viendra plus.
Ninguém mais virá.

• Se o verbo estiver conjugado num tempo composto, a negação vem ao redor do verbo auxiliar, isto é: o *ne* antes e o *pas* depois.

> *J'ai vu Rose-Marie – Je **n**'ai **pas** vu Rose-Marie.*

> Eu vi Rose-Marie – Eu **não** vi Rose-Marie.
> *Christine avait fait des bêtises – Christine **n**'avait **pas** fait de bêtises.*
> Christine tinha feito bobagens – Christine **não** tinha feito bobagens.

> *Si Albert était sorti – Si Albert **n**'était **pas** sorti.*
> Se Albert tivesse saído – Se Albert **não** tivesse saído.

• Se antes do verbo houver um ou mais pronomes complementos, a primeira partícula negativa vem antes deles. Os pronomes complementos compõem assim um bloco junto com o verbo:

> *Claire **m**'avait vu – Claire **ne m**'avait **pas** vu.*
> Claire tinha me visto – Claire **não** tinha me visto.

> *Yvonne **lui en** avait offert deux verres – Yvonne **ne lui en** avait **pas** offert.*
> Yvonne tinha lhe oferecido dois copos – Yvonne **não** tinha lhe oferecido.

• Se o verbo estiver no infinitivo, as duas palavras negativas virão em seguida, antes do verbo:

> *Ne pas faire.*
> **Não** faz**er.**

Ne rien dire.
Não diz**er nada**.

Ne pas avoir dit.
Não ter dito.

Ne jamais être parti.
Não ter jamais ido embora.

- Pode-se encontrar a partícula **NE** negando sozinha, antes do verbo. Isso ocorre em geral com os verbos *cesser* (cessar), *oser* (ousar), *pouvoir* (poder) e *savoir* (saber), usados sem o complemento ou quando o complemento for um infinitivo:

  Les enfants ne cessent de crier.
  As crianças **não** param de gritar.

  Joseph ne peut vous répondre.
  Joseph **não** pode lhe responder.

  Ces papiers ne peuvent être copiés.
  Estes documentos **não** podem ser copiados.

  On ne saurait penser à ce genre de choses.
  Não poderíamos pensar nesse tipo de coisas.

OBSERVAÇÃO

A partícula **NE** também pode compor a forma negativa com a palavra **GUÈRE**, com o sentido de «nem um pouco», «absolutamente não»

Il n'y voyait guère.
Ele não via nem um pouco, nada (ou: Ele não estava vendo nem um pouco, nada).

• A palavra **GUÈRE** também pode ser utilizada:

•• diante de um adjetivo:

*Ghislaine **n'**est **guère raisonnable**.*
Ghislaine não é nem um pouco razoável.

•• diante de um advérbio:
*Julian **ne** l'a **guère bien** reçu.*
Julian não o(a) acolheu nada bem.

•• diante de um comparativo:
*Il **ne** va **guère mieux**.*
Ele não está nem um pouco melhor.

•• diante de um substantivo:
*Je **n'**ai **guère de courage**.*
Não tenho nenhuma coragem.

A partícula **NE** nem sempre indica negação de um verbo em francês:

• o *"ne" explétif*:

Trata-se de uma partícula que reforça uma idéia de anterioridade, temor ou desigualdade, que não se traduz em português e que, portanto, não deve ser confundido com o **ne** negativo utilizado de forma isolada. Esse *ne* é utilizado:

•• após verbos que expressam temor, impedimento ou dúvida:

*Je crains qu'il **ne** vienne.*
Eu temo que ele venha.

*Il faut empêcher que cela **ne** se reproduise.*
É preciso impedir que isso se reproduza.

*Je crains que vous **ne** soyez fatigué après ce long voyage.*
Eu temo que você esteja cansado depois dessa longa viagem.

*L'hôtesse de l'air répète les consignes de sécurité pour éviter que les passagers **ne** les oublient.*
A aeoromoça repete as instruções de segurança para evitar que os passageiros se esqueçam delas.

*Eprouvés par les tremblements de terre, les habitants redoutaient que **ne** se réproduisent de nouvelles secousses sismiques.*
Experimentados pelos tremores de terra, os habitantes temiam que se reproduzissem novos abalos sísmicos.

•• nas orações subordinadas introduzidas por:

avant que, à moins que, de peur que, sans que, etc.:

*Prévenez-moi **avant qu**'il **ne** soit trop tard.*
Previna-me antes que seja tarde demais.

*Notre pays a changé de climat **sans que** les gens **ne** s'en aperçoivent.*
Nosso país mudou de clima sem que as pessoas percebessem.

*Je sortirai ce soir **à moins qu**'il **ne** pleuve.*
Eu sairei hoje à noite a menos que chova.

•• diante de um verbo, após uma comparação de desigualdade (*plus, moins*, etc.), para reforçar essa idéia:

*Vous parlez **plus** que vous **n'**agissez.*
Você fala mais do que age.

*Il est **moins** habile que je **ne** pensais.*
Ele é menos hábil do que eu pensava.

*Elle se distrait beaucoup **moins** qu'on **ne** le croit.*
Ela se distrai muito menos do que acreditamos.

•• após verbos de dúvida ou de negação empregados na forma negativa para expressar uma idéia positiva:

*Je **ne doute pas** que vous ne fassiez des progrès.*
Eu não duvido que você faça progressos.

***Nul doute** qu'elle n'ait compris.*
Não há dúvidas de que ela entendeu.

• Há casos em que a partícula **ne**, juntamente com a palavra **que**, indica uma idéia de restrição, traduzindo-se em português por **só**, **somente** ou **apenas**:

*Il **n'**y a **que** seize étudiants dans la salle.*
Há **somente** dezesseis alunos na sala.

*Les élèves **n'**auront **qu'**un mois de vacances.*
Os alunos terão **apenas** um mês de férias.

*Lucas **ne** fait **que** rire.*
Lucas só fica rindo.

•• Se quisermos manter a palavra **não** na tradução, esse **não** deverá ser negado pela palavra **senão**, em seguida:

*Mireille **n'**arrivera **que** demain matin.*
Mireille **não** chegará **senão** amanhã de manhã, ou

Mireille chegará **apenas** manhã de manhã, ou
Mireille **só** chegará amanhã de manhã.

4. Forme Exclamative (Forma exclamativa)

A exclamação em francês é manifestada por meio de recursos
diferenciados: a simples entonação ou o uso de interjeições
seguidos por um ponto de exclamação e indicações gestuais, para
exprimir um sentimento de dor, alegria, admiração, surpresa,
entre outros.

Bon, bah, si tu veux!
Bom (ou: bem), se você quiser!

Il viendra!!!
Ele virá!!!

Quelle mine vous avez!
Que cara!

Que je suis content!
Como estou contente!

XIII - LE VERBE
(O VERBO)

O verbo é uma palavra variável que indica um fato, isto é, um estado, uma mudança de estado ou uma ação.

Na língua francesa encontramos três *groupes* ou conjugações[1] de verbos que são identificadas por meio de: terminações do infinitivo, primeira pessoa do Presente do Indicativo e Gerúndio.

A **primeira** conjugação agrupa os verbos que possuem as terminações **-ER** no Infinitivo, **-E** na primeira pessoa do Indicativo e **-ANT** no Particípio Presente, como, por exemplo:

ador-**ER**; j'ador-**E**; ador-**ANT**

A **segunda conjugação** compreende os verbos que terminam em **-IR** no Infinitivo, **-IS** na primeira pessoa do Presente do Indicativo e **-ISSANT** no Particípio Presente, como, por exemplo:

vieill-**IR**; je vieill-**IS**; vieill-**ISSANT**

Na **terceira conjugação**, considerada também a conjugação dos verbos irregulares, temos:

• os verbos que terminam em

---

[1] Essas conjugações não equivalem exatamente à primeira, segunda e terceira conjugações do português.

-IR, que não apresentam **-IS** na primeira pessoa do Presente do Indicativo nem
-ISS no Particípio Presente, como, por exemplo:
je men-**S**; ment-**ANT**
-OIR, como, por exemplo: v-**OIR**
-RE, como, por exemplo: rend-**RE**

• o verbo *Aller* (ir)

Como em português, a língua francesa possui vários modos verbais nos quais encontramos tempos simples e compostos que se subdividem da seguinte maneira:

1. Modes et temps verbaux (Modos e tempos verbais)

1.1. Mode Indicatif (Modo Indicativo)
Présent/Presente
Imparfait/Imperfeito
Passé Simple/Pretérito Perfeito Simples
Futur Simple/Futuro do Presente
Passé Composé/Pretérito Perfeito Composto
Plus-que-parfait/Pretérito mais-que-perfeito
Passé Antérieur/[2]
Futur Antérieur/Futuro do Presente Composto

1.2. Mode Conditionnel[3]
Présent/Futuro do Pretérito Simples do Indicativo
Passé 1ère Forme/Futuro do Pretérito Composto do Indicativo
Passé 2ème Forme

---

[2] Alguns tempos não se encontram com a respectiva tradução porque não têm equivalente em português. Veja logo adiante, no item 2, suas características e seu uso.

[3] O condicional em francês é um modo verbal que equivale aos tempos: Futuro do Pretérito Simples e Futuro do Pretérito Composto do Modo Indicativo em português.

1.3. Mode Subjonctif (Modo Subjuntivo)
Présent/Presente
Imparfait/Pretérito Imperfeito
Passé/Pretérito Perfeito
Plus-que-parfait/Pretérito mais-que-perfeito

1.4. L'Impératif (O Imperativo)
Présent/
Passé/

1.5. Le Participe (O Particípio)
Présent/Presente
Passé/Passado

1.6. L'Infinitif (O Infinitivo)
Présent/Presente
Passé/Passado

1.7. Le Gérondif (O Gerúndio)

2. Emploi des modes et des temps verbaux (Emprego dos modos e dos tempos verbais)

Os modos verbais expressam a atitude tomada pelo sujeito em relação ao enunciado. São as diversas formas por meio das quais esse sujeito concebe e apresenta a ação, seja ela o objeto de um enunciado, seja ela acompanhada de uma interpretação.

Em francês há quatro **modos** propriamente ditos: o *Indicatif,* o *Conditionnel,* o *Subjonctif* e o *Impératif.*

Alguns gramáticos chamam de **modo** as formas do *Infinitif*

(**Infinitivo**), *Participe* (**Particípio**) e *Gérondif* (**Gerúndio**), que, na realidade, não expressam nenhuma modalidade de ação, mas assumem o valor modal dos verbos na frase.

Essas três formas são ainda chamadas de formas **impessoais** porque não possuem desinências especiais para distinguir as pessoas gramaticais.

O verbo admite dois **números**: o **singular**, quando se refere a uma só pessoa ou coisa, e o **plural**, quando se refere a mais de uma pessoa ou coisa.

Há três **pessoas** no verbo:

• a primeira é aquela que fala: *je* (eu, no singular), *nous* (nós, no plural)
• a segunda é aquela a quem falamos: *tu* (tu, no singular), *vous* (vós, no plural)[4]
• a terceira é aquela de quem falamos: *il, elle* (ele, ela, no singular), *ils, elles* (eles, elas, no plural)

O **tempo** verbal indica o momento em que ocorre a ação, o fato expresso pelo verbo. Os fatos podem situar-se no momento em que se fala (presente), em momentos que já se transcorreram (passado) ou em momentos que vão decorrer (futuro):

> *Mon père **lit** le journal tous les jours.*
> Meu pai **lê** o jornal todos os dias.
>
> *Ma mère **a lu** un magazine hier.*
> Minha mãe **leu** uma revista ontem.

---

[4] Consultar detalhes sobre *tu* e *vous* no Capítulo IV.

L'oncle de François **achètera** *Libération dimanche matin.*

O tio de François **comprará** *Libération* domingo de manhã.

Quanto à **forma**, podem ser **simples** e **compostos**.

Os tempos **simples** são constituídos por um só verbo, isto é, por uma só palavra. Possuem um **radical** ao qual são acrescentadas as **terminações,** que caracterizam cada tempo, pessoa e número:

partirai:

partir = radical
ai = terminação (primeira pessoa do singular,
Presente do Indicativo)

Os tempos **compostos** são formados por dois verbos: um **auxiliar** e um **principal**. Para conjugar os tempos compostos em francês, pode-se usar dois verbos auxiliares: *être* (ser ou estar) ou *avoir* (ter).

Nos tempos compostos, é o verbo auxiliar que é conjugado, enquanto o verbo principal permanece no particípio passado, uma forma invariável. O verbo principal é assim chamado porque é ele que dá sentido ao verbo dentro da frase.

Assim, o auxiliar pode não ser traduzido, perdendo o seu sentido real (de *ser, estar* ou *ter*), a não ser que corresponda a um tempo também composto em português:

*J'**ai vu** Monsieur Legrand hier matin.*
Eu **vi** o Senhor Legrand ontem de manhã.

*Céline **avait commencé** à parler quand Jean-Paul **est entré**.*

Céline **tinha começado** a falar quando Jean-Paul **entrou**.

A grande maioria dos verbos franceses usa o auxiliar *avoir* nos tempos compostos.

Alguns verbos que são conjugados com o auxiliar *être* nos tempos compostos:

- todos os verbos pronominais[4];
- todos os verbos conjugados na voz passiva[5];
- e ainda:

INFINITIVO	TRADUÇÃO
aller	ir
arriver	chegar
décéder	falecer
descendre	descer
devenir	tornar-se
entrer	entrar
monter	subir
mourir	morrer
naître	nascer
partir	ir embora
passer	passar
rentrer	voltar, entrar novamente

---

[4] Os verbos pronominais são estudados no Capítulo XIII.
[5] A voz passiva é estudada no item 5.1. deste capítulo.

INFINITIVO	TRADUÇÃO
rester	ficar, permanecer
retourner	retornar
revenir	voltar
sortir	sair
tomber	cair
venir	vir

Alguns verbos podem ser usados com **os dois auxiliares,** transformando-se de verbos intransitivos (sem objeto) em transitivos diretos (acompanhado de um objeto direto). Alguns mudam até mesmo de sentido:

> *Nous **sommes passés** devant le Grand Palais.*
> Nós **passamos** diante do Grand Palais.

> *Nous **avons passé** tant **de bons moments** ensemble!*
> Nós **passamos** tantos **bons momentos** juntos!

> *Evelyne, est-ce que tu **as** déjà **rentré les chaises**?*
> Evelyne, você já **colocou as cadeiras para dentro**?

> *Les enfants de Monsieur Lelong **sont rentrés** tard hier soir.*
> As crianças do Sr. Lelong **voltaram** tarde para casa ontem à noite.

> *Elizabeth **est descendue** à la cave.*
> Elizabeth **desceu** para a adega.

> *Paul-Henri **a descendu les livres** de l'étagère.*
> Paul-Henri **tirou os livros** da estante.

Pode-se verificar no quadro abaixo a relação dos principais tempos compostos em francês com os tempos em que o verbo auxiliar é conjugado em cada um deles:

TEMPO	AUXILIAR CONJUGADO NO	EXEMPLOS	TRADUÇÃO
Passé Composé	Présent de l'Indicatif	*j'ai fait* *je suis allé*	eu fiz eu fui
Plus-que-parfait de l'Indicatif	Imparfait de l'Indicatif	*j'avais fait* *j'étais allé*	eu fizera ou eu havia feito eu fora ou eu tinha ido
Passé Antérieur	Passé Simple	*j'eus fait* *je fus allé*	*eu fiz*
Futur Antérieur	Futur Simple	*j'aurai fait* *je serai allé*	eu terei feito eu terei ido
Conditionnel Passé	Conditionnel Présent	*j'aurais fait* *je serais allé*	eu teria feito eu teria ido
Subjonctif Passé	Subjonctif Présent	*que j'aie fait* *que je sois allé*	que eu tenha feito que eu tenha ido
Plus-que-parfait du Subjonctif	Imparfait du Subjonctif	*j'eusse fait* *je fusse allé*	tivesse feito tivesse ido
Infinitif Passé	Infinitif Présent	*avoir fait* *être allé*	ter feito ter ido

2.1. Mode Indicatif (Modo Indicativo)

O **modo Indicativo** é empregado para expressar um fato de maneira definida, real, de forma **objetiva**:

> *Jacques est malade.*
> **Jacques** está **doente**.

*Anne a beaucoup **couru**.*
Anne **correu** muito.

*Marie-Jeanne **ira** à l'exposition demain soir?*
Marie-Jeanne **irá** à exposição amanhã à noite?

2.1.1. Présent (Presente)

O *Présent de l'Indicatif* expressa em geral:

1. um fato atual, que ocorre no momento em que se fala:

> *Gilles **regarde** la pluie qui **tombe**.*
> Gilles **olha** a chuva que **cai**.
> ou: *Gilles **olha** a chuva que **está caindo**.*
> ou: *Gilles **está olhando** a chuva que **cai**.*
> ou: *Gilles **está olhando** a chuva que **está caindo**.*

2. uma ação habitual:

> *Arnaud **mange** toujours du poisson.*
> Arnaud sempre **come** peixe.

3. um fato permanente:

> *Tous les hommes **sont** mortels.*
> Todos os homens **são** mortais.

• O *Présent de l'Indicatif* equivale também, em português, ao verbo *estar* no Presente, mais o Gerúndio do verbo principal:

> *Gilles **regarde** la pluie qui **tombe**.*
> *Gilles **olha** a chuva que **cai**.*
> ou: *Gilles **olha** a chuva que **está caindo**.*

ou: *Gilles* **está olhando** a chuva que **cai.**
ou: *Gilles* **está olhando** a chuva que **está caindo.**

2.1.2. Imparfait (Pretérito Imperfeito)

O *Imparfait* indica um fato com aspecto durativo ou contínuo no passado. Ele é formado acrescentando-se as terminações *-ais, -ais, -ait, -ions, -iez* e *-aient* ao radical da primeira pessoa do plural do *Présent de l'Indicatif:*

> *Je voy -ais*
> *Tu pren -ais*
> *Il/elle conclu -ait*
> *Nous étudi -ions*
> *Vous pay -iez*
> *Ils/elles joign -aient*

La mère de Louise lui **lisait** *de belles histoires.*
A mãe de Louise **lia** lindas histórias para ela.

Charles **aimait** *chanter sous la douche quand il* **était** *petit.*
Charles **gostava** de cantar no banho quando ele **era** pequeno.

O *Imparfait* indica ainda, entre duas ou mais ações simultâneas, qual estava acontecendo quando sobreveio a outra. Neste caso, o segundo verbo é geralmente conjugado no *Passé Composé:*

On **bavardait** *quand le petit Georges est tombé.*
A gente **estava conversando** quando o pequeno Georges caiu.

• O *Imparfait* equivale também, em português, ao verbo *estar* no Pretérito Imperfeito, mais o Gerúndio do verbo principal:

> *On **bavardait** quand le petit Georges est tombé.*
> A gente **estava conversando** quando o pequeno
> Georges caiu.

Num período composto por duas orações, se a oração subordinada for introduzida pela conjunção *si*, o verbo conjugado no *Imparfait de l'Indicatif* assume o valor do *Imparfait du Subjonctif*, sobretudo na linguagem cotidiana:

> *Si j'**avais** de l'argent, je partirais en voyage aujourd'hui même.*
> Se eu **tivesse** dinheiro, viajaria hoje mesmo.

2.1.3. Passé Simple (Pretérito Perfeito Simples)

O *Passé Simple* expressa uma ação delimitada e concluída no passado, geralmente não habitual, sem vínculo com o presente, desligada do momento da fala, ao contrário do *Passé Composé*.

> *On entendait sans cesse d'étranges bruits dans la chambre close; nous **sortîmes** tout de suite.*
> Ouviam-se estranhos ruidos no quarto fechado; **saímos** rapidamente.

Costuma-se dizer que um *Passé Simple* atrai outro *Passé Simple*:

> *Je vous vis prendre le voile, je vous entendis me dire adieu, et je ne pleurai point.* (Louis Veuillot, *Historiettes et fantaisies*, p. 91)
> Eu a vi tomar o véu, eu a ouvi dizer-me adeus, e nem mesmo chorei.

Na linguagem cotidiana em francês, o *Passé Composé* é muito mais usado que o *Passé Simple*, cujo emprego é mais literário. Assim, os dois (*Passé Simple* e *Passé Composé*) podem ser traduzidos pelo Pretérito Perfeito Simples em português.

2.1.4 Futur Simple (Futuro do Presente)

De modo geral o *Futur Simple* expressa a posterioridade de uma ação em relação ao momento da fala. Para formá-lo, basta acrescentar ao infinitivo as terminações *-ai, -as, -a, -ons, -ez* e *-ont:*

> *Jeanne **chantera** aujourd'hui.*
> Jeanne **cantará** hoje.

> *Tu **chanteras** demain?*
> Você **cantará** amanhã?

> *Jeanne et Stéphane **chanteront** le mois prochain.*
> Jeanne e Stéphane **cantarão** no mês que vem.

Futur Proche:

O *Futur Proche* é formado com o Presente do Indicativo do verbo *aller* e o Infinitivo do verbo principal. Em português, corresponde a uma locução verbal que tem a mesma estrutura:

> Sylvain **va prendre** une bière avec nous.
> *Sylvain **vai tomar** uma cerveja conosco.*

> Didier et Kléber **vont descendre** ici.
> *Didier e Kléber **vão descer** aqui.*

É usado para indicar:

• uma ação futura imediata, se não for acompanhado por nenhum adjunto adverbial de tempo:

> *Le navire va partir.*
> O navio **vai sair.**

> *Il va neiger.*
> **Vai nevar.**

> *Célestine va tomber.*
> Célestine **vai cair.**

• um futuro mais ou menos longínquo, se for acompanhado de um adjunto adverbial de tempo:

> *La troupe va partir en novembre.*
> O grupo **vai partir** em novembro.

> *Leur famille va rester trois mois à l'étranger.*
> A família deles **vai ficar** três meses no exterior.

• Colocação de advérbios e pronomes no *Futur Proche*:

•• Os pronomes complementos, assim como os advérbios de quantidade e de modo, colocam-se entre o verbo *aller* e o que está no infinitivo:

> *Nous allons le voir.*
> Nós vamos vê-**lo.**

> *Sa mère va nous téléphoner.*
> A mãe dela vai **nos** telefonar.

> *Les joueurs vont se préparer maintenant.*
> Os jogadores vão **se** preparar agora.

*Vous allez **beaucoup** dormir.*
Vocês vão dormir **muito**.

*Quentin va **bien** manger.*
Quentin vai comer **bem**.

•• Os advérbios de lugar e tempo e alguns advérbios terminados por *-ment* são colocados após o verbo no Infinitivo:

*Les étudiants **vont rentrer tôt**.*
Os estudantes **vão voltar cedo**.

*On **va déjeuner dehors**.*
Vamos almoçar fora.

*Le fils de David **va conduire lentement**.*
O filho de David **vai dirigir lentamente**.

2.1.5. Passé Composé (Pretérito Perfeito Composto)

O *Passé Composé* é formado com o verbo auxiliar conjugado no Presente do Indicativo, mais o Particípio Passado do verbo principal.

Ele expressa uma ação geralmente não-habitual, concluída antes do momento da fala. O fato começou e terminou no passado, seja ele remoto ou próximo.

Nesse caso ele corresponde, em geral, ao Pretérito Perfeito Simples do português, e por isso o auxiliar não é traduzido:

*Bernard **a fait** beaucoup d'éloges à son travail.*
Bernard **fez** muitos elogios ao seu trabalho (Ou:
Bernard fez muitos elogios ao trabalho dele, dela).

J'ai rencontré l'Ambassadeur en 1970.
Estive com o Embaixador em 1970.

MAS pode expressar também a repetição ou a continuidade de um fato iniciado no passado e que ainda se realiza no presente, vindo, geralmente, acompanhado de um adjunto adverbial. Nesse caso, traduz-se o auxiliar **e** o verbo principal, correspondendo ao Pretérito Perfeito Composto do português:

*Cette semaine **j'ai visionné** beaucoup de vidéos.*
Tenho visto muitos vídeos nesta semana.

2.1.6. Plus-que-parfait (Pretérito Mais-que-perfeito)

O *Plus-que-parfait* expressa uma ação passada concluída antes de outra igualmente passada. É formado conjugando-se o verbo auxiliar no *Imparfait*, seguido pelo particípio passado do verbo principal.

Equivale, em português, tanto ao Pretérito Mais-que-perfeito Simples, como ao Pretérito Mais-que-perfeito Composto, já que não existem, em francês, duas formas de *Plus-que-parfait de l'Indicatif*:

*Claudette **avait déjà fini** son dîner quand Pierre est venu la chercher.*
Claudette **já tinha terminado** de jantar quando Pierre veio buscá-la (ou: Claudette já **terminara** seu jantar quando Pierre veio buscá-la).

Num período composto por duas orações, se a oração subordinada for começada pela conjunção *si*, o verbo conjugado no *Plus-*

que-parfait de l'Indicatif assume o valor do *Plus-que-parfait du Subjonctif*, sobretudo na linguagem cotidiana.

> **Si j'avais eu** *plus de temps, j'aurais vu tous les invités.*
> Se eu **tivesse tido** mais tempo, teria visto todos os convidados.

2.1.7. Passé Antérieur

O *Passé Antérieur* é formado conjugando-se o verbo auxiliar no *Passé Simple*, seguido pelo particípio passado do verbo principal. É um tempo essencialmente literário e indica uma ação realizada em um passado longínquo. Também é usado:

• para indicar um fato anterior a outro no passado, em geral com ações que se sucedem rapidamente. A diferença entre o Passé Antérieur e o Plus-que-parfait é que neste último pode ter-se passado um tempo longo entre as duas ações. A mesma relação que existe entre *Plus-que-parfait* e *Passé Composé* se estabelece neste caso, então, entre o *Passé Antérieur* e o *Passé Simple*:

> *Claudette **eut fini** sa thèse quand ses parents **arrivèrent** de l'étranger.*
> Claudette **tinha terminado** sua tese quando seus pais **chegaram** do exterior.

• associado ao advérbio de tempo indicando a rapidez da ação:

> **En très peu de temps** *Jeaninne **eut trouvé** des solutions pour tous les problèmes de Paule.*

Em muito pouco tempo Jeaninne **encontrou** soluções para todos os problemas de Paule.

Assim, verifica-se que o *Pretérito Perfeito Simples* em português pode equivaler em francês a: *Passé Simple*, *Passé Composé* e *Passé Antérieur*, como nos exemplos abaixo:

*Nancy **sortît** après Philippe.*
Nancy **saiu** depois de Philippe.

*Nancy **est sortie** toute seule ce matin.*
Nancy **saiu** sozinha hoje de manhã.

*Nancy **eut trouvé** de bonnes solutions en peu de temps.*
Nancy **encontrou** boas soluções em pouco tempo.

2.1.8. Futur Antérieur (Futuro do Presente Composto)

O *Futur Antérieur* expressa uma ação futura consumada antes de outra, também futura. É formado conjugando-se o verbo auxiliar no *Futur Simple*, seguido pelo Particípio Passado do verbo principal:

*Quand Jules **aura écrit** ses mémoires, il cherchera un éditeur pour les publier.*
Quando Jules **tiver escrito** suas memórias, ele procurará um editor para publicá-las.

MAS pode expressar também uma probabilidade:

*Si nos parents ne sont pas encore là c'est qu'ils **auront eu** un accident.*
Se nossos pais ainda não chegaram é que **devem ter tido** um acidente.

2.2. Mode Conditionnel

O modo *Conditionnel* (que não existe mais em português) apresenta a ação como uma hipótese, sugestão, conselho, desejo, suposição ou eventualidade. Esse modo tem dois tempos: *Présent* (Presente) e *Passé* (Passado).

2.2.1. Présent (Futuro do Pretérito do Indicativo)

O *Conditionnel Présent* é formado com o radical do *Futur Simple* seguido pelas terminações do *Imparfait*. Equivale ao *Futuro do Pretérito do Indicativo* da gramática portuguesa e é utilizado:

• quando a oração subordinada revela um fato não-realizado ou que talvez não se realize, como a expressão de um desejo, uma sugestão ou um conselho:

> *Si Christine avait un ordinateur elle **pourrait** travailler plus rapidement.*
> Se Christine tivesse um computador ela **poderia** trabalhar mais rapidamente.

> *Vous **devriez** parler moins fort.*
> Vocês **deveriam** falar mais baixo.

> *Si j'avais assez d'argent, je **partirais** en France tous les ans.*
> Se eu tivesse dinheiro suficiente, **iria** à França todos os anos.

> ***Charles aimerait** savoir parler plusieurs langues étrangères.*

Charles **gostaria** de saber falar diversas línguas estrangeiras.

• para indicar um fato futuro em relação a outro passado:

*Nous savions qu'Emma **viendrait**.*
Nós sabíamos que Emma **viria**.

*Le Proviseur a promis au secrétaire qu'il **serait** là avant 6 heures.*
O Diretor prometeu ao secretário que **estaria** lá antes das 6 horas.

• para manifestar um pedido de forma educada:

*Je **voudrais** un renseignement.*
Eu **gostaria** de uma informação.

*Est-ce que nous **pourrions** parler au Directeur?*
Será que nós **poderíamos** falar com o Diretor?

• assim como em português, utiliza-se o *Conditionnel* para fornecer uma informação não-confirmada:

*Les députés **devraient** se rendre à l'Assemblée.*
Os deputados **deveriam** dirigir-se à Assembléia.

*L'innondation **aurait fait** trois cents victimes.*
A inundação **teria feito** trezentas vítimas.

• Com a expressão *au cas où* utiliza-se o *Conditionnel* para fazer uma suposição:

*Au cas où vous **auriez** des difficultés, téléphonez-nous.*
Caso você **tenha** dificuldades, telefone para nós.

2.2.2. Passé 1ère Forme (Futuro do Pretérito Composto do Indicativo)

O *Passé 1ère Forme* equivale ao *Futuro do Pretérito Composto do Indicativo* da gramática portuguesa e é empregado para expressar sobretudo um fato que teria acontecido no passado mediante certa condição. É formado conjugando-se o auxiliar no *Conditionnel Présent* seguido pelo *Particípio Passado* do verbo principal:

> *Si j'avais eu plus de patience, je l'**aurais écouté**.*
> Se eu tivesse tido mais paciência, eu o **teria escutado**.

2.2.3. Passé 2ème Forme

O *Conditionnel Passé 2ème Forme* tem a mesma forma que o *Mais-que-perfeito do Subjuntivo* e é um tempo literário, sendo empregado sobretudo nas terceiras pessoas. Equivale ao *Mais-que-perfeito do Subjuntivo* da gramática portuguesa.

> *Aux bons moments, il riait aussi, mais doucement, comme s'**il eût réservé** ses éclats de rire pour quelque meilleure histoire. (Alain Fournier)*
> Nos bons momentos ele também ria, mas suavemente, como se **tivesse reservado** suas gargalhadas para uma história melhor.

2.3. Mode Subjonctif (Modo Subjuntivo)

O *Subjonctif* expressa necessidade, vontade, desejo, temor, dúvida, conselho, fato incerto, duvidoso ou até mesmo irreal, dependendo da vontade e do sentimento de quem o emprega. Trata-se de manifestar a realidade de uma forma **subjetiva**. É por isso que verbos que introduzem a finalidade, por exemplo, vêm em geral conjugados no Subjuntivo.

2.3.1. Présent (Presente)

O *Présent du Subjonctif* é formado acrescentando-se as terminações *-e, -es, -e, -ions, -iez* e *-ent* ao radical da terceira pessoa do plural do *Présent de l'Indicatif:*

> que je **regard -e**
> que tu **meuv -es**
> qu'il/elle **reçoiv -e**
> que nous **pren -ions**
> que vous **all -iez**
> qu'ils/elles **connaiss -ent**

*Il faut que vous **regardiez** plus de films français.*
É preciso que você **veja** mais filmes franceses.

*Nous souhaitons tous que Jean-Sébastien **réussisse**.*
Desejamos todos que Jean-Sébastien **tenha sucesso**.

*Je ne crois pas que Monsieur Leblanc **soit** là.*
Eu não acredito que o Senhor Leblanc **esteja** aí (aqui, lá).

*Henri exige que Monsieur Lepetit **soit** présent.*
Henri exije que o Senhor Lepetit **esteja** presente.

*Vous êtes contents que maman **soit** là?*
Vocês estão contentes que a mamãe **esteja** aqui?

MAS o verbo *espérer* exige o modo Indicativo:

> *J'espère que le technicien viendra.*
> Espero que o técnico **venha**.

> *Nous espérons qu'il fera beau.*
> Esperamos que **faça** bom tempo.

2.3.2. Imparfait (Pretérito Imperfeito)

O *Imparfait du Subjonctif* é formado acrescentando-se ao mesmo radical do *Passé Simple* do Indicativo as terminações:
-asse, -asses, -ât, -assions, -assiez, -assent, para os verbos terminados em **-ER**;
as terminações: *-isse, -isses, -ît, -issions, -issiez, -issent*, para os verbos terminados em **-IR**;
e as terminações : *-usse, -usses, ût, -ussions, ussiez, -ussent*, para alguns verbos, como voir, rendre, venir, etc.

> *Je voudrais que Michel **eût** assez d'énergie pour travailler.*
> Eu gostaria que Michel **tivesse** energia suficiente para trabalhar.

2.3.3. Passé (Pretérito Perfeito)

Utiliza-se, em geral, o *Subjonctif Passé* para expressar uma ação com aspecto concluído. Ele é formado conjugando-se o auxiliar no *Subjonctif Présent*, seguido pelo particípio passado do verbo principal:

> *Je regrette que Marie-Claire **soit partie**.*
> Eu lamento que Marie-Claire **tenha ido embora**.

> *Il se peut que Madame Meyer **soit arrivée**.*
> Pode ser que a Senhora Meyer **tenha chegado**.

2.3.4. *Plus-que-parfait (Pretérito Mais-que-perfeito)*

O *Plus-que-parfait du Subjonctif* tem seu uso equivalente ao do *Conditionnel Passé 1ère forme*, ou seja, indica também a condição no passado. É formado conjugando-se o verbo auxiliar no *Imparfait du Subjonctif*, ao qual se acrescenta o particípio passado do verbo principal:

> *Ma mère craignait que mon frère ne **fût venu** pendant son absence.*
> Minha mãe receava que meu irmão **tivesse vindo** durante sua ausência.

Não existe *Futuro do Subjuntivo* em francês. Esse tempo do português é expresso em francês pelo *Futur Simple de l'Indicatif* no caso do verbo de uma oração subordinada temporal, e tanto pelo *Futur Simple* como pelo *Présent de l'Indicatif* no caso de uma oração subordinada condicional:

> ***Quand** j'**aurai** plus de temps, je te téléphonerai.*
> ***Quand** j'**ai** plus de temps, je te téléphonerai.*
> **Quando** eu **tiver** mais tempo, te telefonarei (ou: lhe telefonarei, ou: telefonarei para você).

> ***Si** j'**ai** de l'argent supplémentaire je t'en donnerai un peu.*
> **Se** eu **tiver** dinheiro extra, te darei um pouco (ou: lhe darei um pouco, ou: darei um pouco para você).

2.4. Mode Impératif (Modo Imperativo)

O modo *Impératif* expressa uma ordem, uma proibição, um conselho, um convite ou um pedido. Diferentemente do português, tem dois tempos: *présent* e *passé*. Também difere do português quanto às pessoas, pois só se apresenta na segunda pessoa do singular e primeira e segunda do plural: *tu, nous* e *vous*:

> *Dessine-moi un mouton.* (Antoine de Saint-Exupéry)
> Desenhe-me um carneiro.

> *Montrez-nous les derniers complets que vous avez reçus.*
> Mostre-nos os últimos ternos que vocês receberam.

2.4.1. Présent

O *Impératif Présent* (ou Imperativo Afirmativo em português) expressa uma ordem, um conselho ou uma proibição que incide sobre o presente ou sobre o futuro.

> *Antoine, n'appelle pas Julie maintenant, il est tard!*
> Antoine, não **telefone** a Julie agora, está muito tarde!

2.4.2. Passé

O *Impératif Passé* é mais raro que o *Impératif Présent*, mas também expressa uma ordem ou um conselho. Estes, por sua vez, deverão ser realizados em um momento do futuro. Apresenta a mesma estrutura que o *Subjonctif Passé*, ou seja, é formado conjugando-se o verbo auxiliar no *Subjonctif Présent*, seguido pelo particípio passado do verbo principal:

> *Que rien ne soit décidé dans mon absence.*
> Que nada **seja decidido** em minha ausência.

Ayez remis tout en ordre avant le retour de la directrice.
Recoloquem (ou: **Tenham recolocado**) tudo em ordem
antes do retorno da diretora.

2.5. Le Participe (O Particípio)

O *Participe* (particípio) é uma das forma nominais do verbo.
Funciona como verbo (expressando ação) e como adjetivo (qua-
lificando um substantivo).

O Particípio possui dois tempos: *Présent* (presente) e *Passé* (passado), que correspondem em português, respectivamente, ao
Gerúndio e ao *Particípio Passado*.

2.5.1. Présent

Como **verbo** o *Participe Présent* pode pedir *compléments d'objet* (complementos, objetos) ou *compléments circonstanciels*
(adjuntos adverbiais), podendo também marcar nuances temporais.

Como **adjetivo**, pode servir de epíteto ou atributo e então ter
variações de gênero e de número[1].

O *Participe Présent* tem a mesma forma que o *Gérondif*
(Gerúndio), isto é, a terminação *-ant*, mas sem a preposição *en:*

> *Christophe l'a trouvé **lisant**.*
> Christophe o(a) encontrou **lendo**.

---

[1] Ver no Capítulo III, item 7, relação de particípios e adjuntos relacionados.

*Voyant sa préoccupation, Inês a décidé de
l'accompagner jusqu'à la gare.*
Vendo sua preocupação, Inês decidiu acompanhá-lo até
a estação.

Muitas vezes o *Participe Présent* é traduzido por uma oração
subordinada relativa em português:

*Une serviette **contenant** des documents importants.*
Uma pasta **contendo** (ou: **que contém**; ou: **que conti-
nha**) documentos importantes.

2.5.2. Passé[2]

Usa-se o *Participe Passé* para representar ações de aspecto concluído. Ele corresponde ao particípio passado em português.

*Un travail **terminé**.*
Um trabalho **terminado**.

MAS muitas vezes não é traduzido na composição de tempos
verbais compostos:

*Son fils lui **a demandé** un service.*
O filho dele (ou: dela) lhe **pediu** um favor.

Alguns particípios passados correspondem hoje em dia a uma
expressão fixa:

---

[2] Uma relação dos principais particípios passados é fornecida ao final de cada
modelo de verbo conjugado no item 4 deste capítulo.

- *y compris*: incluindo

    *Montre-moi tous les papiers, **y compris** ceux de ton frère.*
    Mostre-me todos os documentos, **inclusive** os do seu irmão.

- *excepté*: exceto

    *Tout le monde est parti en voyage, **excepté** moi-même.*
    Todo o mundo foi viajar, **exceto** eu mesma.

- *vu*: visto, tendo em vista

    ***Vu** les circonstances, il vaut mieux attendre.*
    Visto (ou: **tendo em vista**) as circunstâncias, é melhor esperar.

- *ci-joint* ou *ci-inclus*: anexo. Estas expressões são invariáveis no início de uma frase:

    ***Ci-joint** la copie du document.*
    Anexa, a cópia do documento.

MAS após um substantivo funcionam como adjetivo e sofrem concordância:

  *Je vous envoie la copie de la lettre **ci-jointe**.*
  Eu lhe envio **anexa** a cópia da carta.

Existe uma forma menos usada de *participe passé*, em que se emprega um verbo auxiliar:

  ***Ayant pris** ses médicaments, Sophie se sentait déjà mieux.*
  Tendo tomado seus remédios, Sophie já se sentia melhor.

Étant parti avant la fin, Émile ne savait pas le résultat de la réunion.
Tendo ido embora antes do final, Emile não sabia o resultado da reunião.

2.6. L'Infinitif (Infinitivo)

Assim como o *Participe, o Infinitif* é uma das formas nominais do verbo e expressa simplesmente a idéia de ação como um substantivo abstrato, sem relação necessária com um sujeito. Não tem, portanto, acepção de pessoa nem de número[1].

> *On l'oblige à **réciter**.*
> Estão obrigando-o a **recitar**.

> *La maison que j'ai vu **bâtir**.*
> A casa que vi **construir**.

• O *Infinitivo* deixa de ser verbo e se torna um verdadeiro substantivo se estiver precedido por um determinante:

> *Mon mari déteste mes **rires** soudains.*
> Meu marido detesta meus **risos** repentinos.

> *Le **rire** est l'apanage des hommes.*
> O **riso** é atributo dos homens.

L'Infinitif (o infinitivo) possui três tempos: *Présent* (Presente), *Passé* (Passado) e *Futur* (Futuro), este raro.

---

[1] Em francês não existe *Infinitivo Pessoal*, como em português.

2.6.1. L'Infinitif Présent (O Infinitivo Presente)

O *Infinitif Présent* tem um uso bastante extenso e assume vários valores temporais:

> *Danser est très agréable.*
> **Dançar** é muito agradável.

> *Écoutez le conférencier parler.*
> Escute o conferencista **falar**.

> *Gisèle aime passer ses vacances au bord de la mer.*
> Gisèle gosta de **passar** suas férias à beira-mar.

> *Monsieur Renault songe prendre sa retraite l'année prochaine.*
> O Senhor Renault pensa em se **aposentar** no ano que vem.

O verbo *faire* (fazer), seguido por outro verbo no *Infinitivo*, é uma expressão que indica que outra pessoa faz a ação no lugar do sujeito:

> *Je fais réparer ma voiture dans le garage du coin.*
> Eu **conserto** (ou: eu **mando consertar**) meu carro na oficina da esquina.

> *Madame Blondel a fait couper ses cheveux ce matin.*
> A Senhora Blondel **cortou** os cabelos hoje de manhã.

> *Pour l'anniversaire de maman, je vais lui faire faire de nouvelles boucles d'oreilles.*
> Para o aniversário de mamãe, vou **mandar fazer** novos brincos para ela.

2.6.2. *L'Infinitif Passé (O Infinitivo Passado)*

Usa-se o *Infinitif Passé* para representar ações de aspecto concluído. Ele é formado com o *Infinitif Présent* do verbo auxiliar seguido pelo Particípio Passado do verbo principal:

> *Avoir fini tout le travail l'a rendu plus tranquille.*
> **Ter terminado** todo o trabalho deixou-o mais tranquilo.

> *Laurent désirerait être parti vers sept heures.*
> Laurent desejaria **ter ido embora** por volta de sete horas.

2.6.3. *L'Infinitif Futur (O Infinitivo Futuro)*

Este tempo existe apenas na perífrase composta pelo verbo *devoir* + 1 infinitivo. Ex.: *devoir être, devoir faire,* e só é empregado quando se deseja expressar o futuro:

> *Cette agonie semble **devoir durer** quelque temps.*
> Parece que esta agonia **vai durar** algum tempo.

2.7. Le Gérondif (O Gerúndio)

O *Gérondif* é a forma adverbial do verbo e, como tal, expressa certas circunstâncias da ação marcada por outro verbo da frase. É formado acrescentando-se a terminação *-ant* ao radical da segunda pessoa do plural do *Présent de* l'Indicatif.

Confunde-se, portanto, quanto à forma, com o *Participe Présent* e, como este, é invariável. Entretanto, pode ser reconhecido mais facilmente porque é, em geral, precedido pela preposição *en* e porque tem valor de advérbio, marcando a simultaneidade em relação a um momento qualquer:

*Il est tombé **en courant**.*
Ele caiu **correndo**.

*Toute l'équipe travaille **en chantant**.*
Toda a equipe trabalha **cantando**.

MAS fogem à regra de formação:

> *avoir: en **ayant*** (tendo)
> *savoir: en **sachant*** (sabendo)

• A grafia do Gerúndio dos verbos conjugados como *commencer* (*placer*, etc.) e *manger* (*juger*, etc.) exige cuidado!

> *en **commençant*** (começando)
> *en **mangeant*** (comendo)

PARTICULARIDADE

TOUT EN + GÉRONDIF

A colocação da palavra *tout* diante do verbo no Gerúndio reforça a idéia de simultaneidade e, por vezes, indica uma certa dissonância entre as duas ações simultâneas:

*Ma belle-mère lit **tout en mangeant**.*
Minha sogra lê **comendo** (ou: **enquanto come**).

*Lucien écrit **tout en regardant** ailleurs.*
Lucien escreve **olhando** (ou: **enquanto olha**) para fora.

***Tout en faisant** des progrès, cet élève ne réussit pas.*
Mesmo **fazendo** progressos, este aluno não consegue ter boas notas.

---

3. Accord du Participe Passé (Concordância com o Particípio Passado)

Quando se usa um tempo verbal composto em francês, faz-se, muitas vezes, uma concordância no final do *Particípio Passado* do verbo principal acrescentando-se, segundo o caso:

• um *e* ao feminino;
• um *s* ao plural.

Essa concordância segue algumas regras, dependendo do auxiliar usado (*être* ou *avoir*):

3.1. Com o auxiliar *être*

1. O *Particípio Passado* **concorda** em gênero e número com o **sujeito** do verbo:

> **Les feuilles** *sont tombées*.
> As folhas caíram.

> **Nos parents** *sont venus hier.*
> Nossos pais vieram ontem.

2. Quando se trata de uma forma pronominal, o *Particípio Passado* **concorda** com o **sujeito**:

> **Les deux amis** *se sont aperçus de leur erreur.*
> Os dois amigos perceberam o erro deles.

> **Marc et Paul** *se sont lavés.*
> Marc e Paul se lavaram.

> **Les trois copains** *se sont battus.*
> Os três amigos brigaram.

Exceto:

• Quando o verbo for seguido de um complemento objeto direto (a concordância ocorrerá quando este complemento preceder o verbo):

> *Ils se sont **lavé** les mains.*
> Eles lavaram as mãos.

> *Ils se sont **écrit** des lettres.*
> Eles escreveram-se cartas.

MAS:

> *Les **mains** qu'ils se sont lavées.*
> As mãos que eles lavaram.

> *Les **lettres** qu'ils se sont écrites.*
> As cartas que eles se escreveram.

• Quando o verbo pronominal **reflexivo** ou recíproco for, na forma ativa, um verbo transitivo **indireto**, ou um verbo que admite um complemento iniciado pela proposição *à*:

> *Ils se sont nui (nuire **à** quelqu'un).*
> Eles se prejudicaram (prejudicar alguém).

> *Ils se sont écrit (écrire **à** quelqu'un).*
> Eles se escreveram (escrever a alguém).

3.2. Com o auxiliar *avoir*

1. O *Particípio Passado* **concorda** em gênero e número com o **complemento objeto direto** quando este preceder o verbo:

> *Vous avez écrit une lettre – La lettre **que** vous avez écrite*.
> Você escreveu uma carta – A carta **que** você escreveu.

2. Seguido por um *Infinitivo*, o *Particípio Passado* permanece **invariável** se o *Infinitivo* for complemento de objeto direto:

> *L'histoire que j'ai entendu raconter – J'ai entendu qu'on racontait cette histoire.*
> A história que eu ouvi contar – Eu ouvi que alguém contava esta história.

MAS
concorda se o objeto do *Particípio* for o **sujeito** do Infinitivo:

> *La **cantatrice** que j'ai entendue **chanter***.
> A **cantora** que eu ouvi **cantar**.

3. O *Particípio Passado* permanece **invariável** nos usos intransitivos dos verbos *courir* (correr), *valoir* (valer), *peser* (pesar), *vivre* (viver) e *coûter* (custar):

> *Les années qu'il **a vécu**.*
> Os anos que eles viveram (*que*, aqui, é complemento de tempo).

MAS concorda com o complemento de objeto dos usos transitivos desses verbos:

> *Les **dangers** que j'ai **courus**.*
> Os perigos que corri.

> *Les **moments heureux** qu'il a **vécus** ici.*
> Os momentos felizes que ele viveu aqui.

4. O *Particípio Passado* permanece invariável quando se tratar de

um **verbo impessoal** ou quando o complemento objeto direto do verbo tiver sido substituído pelo pronome adverbial **EN**:

*La chaleur qu'il **a fait**.*
O calor que fez.

*Les trois jours qu'il **a plu**.*
Os três dias em que choveu.

*J'ai fait des propositions aux organisateurs et j'**en ai parlé** longuement.*
Fiz propostas aos organizadores e falei delas por muito tempo.

4. Groupes de Verbes (Conjugações)

4.1. Verbes Auxiliaires (Verbos Auxiliares)

4.1.1. Verbe Être (Ser, Estar)

Indicatif/Indicativo

Présent/Presente
Forme Affirmative/Forma Afirmativa

Je suis - Sou, estou
Tu es
Il/Elle est
Nous sommes
Vous êtes
Ils/Elles sont

Présent/Presente
Forme Négative/Forma Negativa

Je ne suis pas - Não sou, não estou
Tu n'es pas
Il/Elle n'est pas
Nous ne sommes pas
Vous n'êtes pas
Ils/Elles ne sont pas

Imparfait/Pretérito Imperfeito
Forme Affirmative/Forma Afirmativa

J'étais - Era, estava
Tu étais
Il/Elle était
Nous étions
Vous étiez
Ils/Elles étaient

Imparfait/Pretérito Imperfeito
Forme Négative/Forma Negativa

Je n'étais pas - Não era, não estava
Tu n'étais pas
Il/Elle n'était pas
Nous n'étions pas
Vous n'étiez pas
Ils/Elles n'étaient pas

Passé Simple/Pretérito Perfeito Simples
Forme Affirmative/Forma Afirmativa

Je fus - Fui, estive
Tu fus
Il/Elle fut
Nous fûmes
Vous fûtes
Ils/Elles fûrent

Passé Simple/Pretérito Perfeito Simples
Forme Négative/Forma Negativa

Je ne fus pas - Não fui, não estive
Tu ne fus pas
Il/Elle ne fut pas
Nous ne fûmes pas
Vous ne fûtes pas
Ils/Elles ne furent pas

Futur Simple/Futuro do Presente
Forme Affirmative/Forma Afirmativa

Je serai - Serei, estarei
Tu seras
Il/Elle sera
Nous serons
Vous serez
Ils/Elles seront

Futur Simple/Futuro do Presente
Forme Négative/Forma Negativa

Je ne serai pas - Não serei, não estarei
Tu ne seras pas
Il/Elle ne sera pas
Nous ne serons pas
Vous ne serez pas
Ils/Elles ne seront pas

Passé Composé/Pretérito Perfeito Composto
Forme Affirmative/Forma Afirmativa

J'ai été - Fui, estive; Tenho sido, tenho estado
Tu as été
Il/Elle a été
Nous avons été
Vous avez été
Ils/Elles ont été

Passé Composé/Pretérito Perfeito Composto
Forme Négative/Forma Negativa

Je n'ai pas été - Não fui, não estive; Não tenho sido, não tenho
estado
Tu n'as pas été
Il/Elle n'a pas été
Nous n'avons pas été
Vous n'avez pas été
Ils/Elles n'ont pas été

Plus-que-parfait/Pretérito Mais-que-perfeito
Forme Affirmative/Forma Afirmativa

J'avais été - Fora, estivera; Tinha sido, tinha estado
Tu avais été
Il/Elle avait été
Nous avions été
Vous aviez été
Ils/Elles avaient été

Plus-que-parfait/Pretérito Mais-que-perfeito
Forme Négative/Forma Negativa

Je n'avais pas été - Não fora; não estivera; não tinha sido; não
tinha estado
Tu n'avais pas été
Il/Elle n'avait pas été
Nous n'avions pas été
Vous n'aviez pas été
Ils/Elles n'avaient pas été

Passé Antérieur/
Forme Affirmative/Forma Afirmativa

J'eus été
Tu eus été
Il/Elle eut été
Nous eûmes été
Vous eûtes été
Ils/Elles eurent été

Passé antérieur/
Forme Négative/Forma Negativa

Je n'eus pas été
Tu n'eus pas été
Il/Elle n'eut pas été
Nous n'eûmes pas été
Vous n'eûtes pas été
Ils/Elles n'eurent pas été

Futur Antérieur/Futuro do Presente Composto
Forme Affirmative/Forma Afirmativa

J'aurai été - Terei sido; terei estado
Tu auras été
Il/Elle aura été
Nous aurons été
Vous aurez été
Ils/Elles auront été

Futur Antérieur/Futuro do Presente Composto
Forme Négative/Forma Negativa

Je n'aurai pas été - Não terei sido; não terei estado
Tu n'auras pas été
Il/Elle n'aura pas été
Nous n'aurons pas été
Vous n'aurez pas été
Ils/Elles n'auront pas été

Conditionnel

Présent/Futuro do Pretérito Simples do Indicativo
Forme Affirmative/Forma Afirmativa

Je serais - Seria, estaria
Tu serais
Il/Elle serait
Nous serions
Vous seriez
Ils/Elles seraient

Présent/Futuro do Pretérito Simples do Indicativo
Forme Négative/Forma Negativa

Je ne serais pas - Não seria, não estaria
Tu ne serais pas
Il/Elle ne serait pas
Nous ne serions pas
Vous ne seriez pas
Ils/Elles ne seraient pas

Passé 1ère Forme/Futuro do Pretérito Composto do Indicativo
Forme Affirmative/Forma Afirmativa

J'aurais été - Teria sido, teria estado
Tu aurais été
Il/Elle aurait été
Nous aurions été
Vous auriez été
Ils/Elles auraient été

Passé 1ère Forme/Futuro do Pretérito Composto do Indicativo
Forme Négative/Forma Negativa

Je n'aurais pas été - Não teria sido, não teria estado
Tu n'aurais pas été
Il/Elle n'aurait pas été
Nous n'aurions pas été
Vous n'auriez pas été
Ils/Elles n'auraient pas été

Passé 2ème Forme/
Forme Affirmative/Forma Afirmativa

J'eusse été
Tu eusses été
Il/Elle eût été
Nous eussions été
Vous eussiez été
Ils/Elles eussent été

Passé 2ème Forme/
Forme Négative/Forma Negativa

Je n'eusse pas été
Tu n'eusses pas été
Il/Elle n'eût pas été
Nous n'eussions pas été
Vous n'eussiez pas été
Ils/Elles n'eussent pas été

Subjonctif/Subjuntivo

Présent/Presente
Forme Affirmative/Forma Afirmativa

que je sois - Seja, esteja
que tu sois
qu'il/elle soit
que nous soyons
que vous soyez
qu'ils/elles soient

Présent/Presente
Forme Négative/Forma Negativa

que je ne sois pas - Não seja, não esteja
que tu ne sois pas
qu'il/elle ne soit pas
que nous ne soyons pas
que vous ne soyez pas
qu'ils/elles ne soient pas

Imparfait/Pretérito Imperfeito
Forme Affirmative/Forma Afirmativa

que je fusse - Fosse, estivesse
que tu fusses
qu'il/elle fût
que nous fussions
que vous fussiez
qu'ils/elles fussent

Imparfait/Pretérito Imperfeito
Forme Négative/Forma Negativa

que je ne fusse pas - Não fosse, não estivesse
que tu ne fusses pas
qu'il/elle ne fût pas
que nous ne fussions pas
que vous ne fussiez pas
qu'ils/elles ne fussent pas

Passé/Pretérito Perfeito
Forme Affirmative/Forma Afirmativa

que j'aie été - Tenha sido, tenha estado
que tu aies été
qu'il/elle ait été
que nous ayons été
que vous ayez été
qu'ils/elles aient été

Passé/Pretérito Perfeito
Forme Négative/Forma Negativa

que je n'aie pas été - Não tenha sido, não tenha estado
que tu n'aies pas été
qu'il/elle n'ait pas été
que nous n'ayons pas été
que vous n'ayez pas été
qu'ils/elles n'aient pas été

Plus-que-parfait/Pretérito Mais-que-perfeito
Forme Affirmative/Forma Afirmativa

que j'eusse été - Tivesse sido, tivesse estado
que tu eusses été
qu'il/elle eût été
que nous eussions été
que vous eussiez été
qu'ils/elles eussent été

Plus-que-parfait/Pretérito Mais-que-perfeito
Forme Négative/Forma Negativa

que je n'eusse pas été - Não tivesse sido, não tivesse estado
que tu n'eusses pas été
qu'il/elle n'eût pas été
que nous n'eussions pas été
que vous n'eussiez pas été
qu'ils/elles n'eussent pas été

Impératif/Imperativo

Présent/
Forme Affirmative/Forma Afirmativa

sois - Sê, está
soyons
soyez

Présent/
Forme Négative/Forma Negativa

ne sois pas - Não sejas, não estejas
ne soyons pas
ne soyez pas

Passé/
Forme Affirmative/Forma Afirmativa

aie été
ayons été
ayez été

Passé/
Forme Négative/Forma Negativa

n'aie pas été
n'ayons pas été
n'ayez pas été

Participe/Particípio

Présent/Presente
Forme Affirmative/Forma Afirmativa

étant - Sido, estado

Présent/Presente
Forme Négative/Forma Negativa

n'étant pas - Não sendo, não estando

Passé/Passado
Forme Affirmative/Forma Afirmativa

été - Sido, estado
ayant été - Tendo sido, tendo estado

Passé/Passado
Forme Négative/Forma Negativa

été[1]
n' ayant pas été - Não tendo sido, não tendo estado

Infinitif/Infinitivo

Présent/Presente
Forme Affirmative/Forma Afirmativa

être - Ser, estar

Présent/Presente
Forme Négative/Forma Negativa

ne pas être - Não ser, não estar

Passé/Passado
Forme Affirmative/Forma Afirmativa

avoir été - Ter sido, ter estado

---

[1] O *Participe Passé* do verbo *être* é sempre invariável.

Passé/Passado
Forme Négative/Forma Negativa

n'avoir pas été - Não ter sido, não ter estado

Gérondif/Gerúndio

Forme Affirmative/Forma Afirmativa:

en étant - Sendo, estando

Forme Négative/Forma Negativa:

en n'étant pas - Não sendo, não estando

4.1.2. Verbe Avoir (Ter)

Indicatif/Indicativo

Présent/Presente
Forme Affirmative/Forma Afirmativa

J'ai - Tenho
Tu as
Il/Elle a
Nous avons
Vous avez
Ils/Elles ont

Présent/Presente
Forme Négative/Forma Negativa

Je n'ai pas - Não tenho
Tu n'as pas
Il/Elle n'a pas
Nous n'avons pas
Vous n'avez pas
Ils/Elles n'ont pas

Imparfait/Pretérito Imperfeito
Forme Affirmative/Forma Afirmativa

J'avais - Tinha, estava tendo
Tu avais
Il/Elle avait
Nous avions
Vous aviez
Ils/Elles avaient

Imparfait/Pretérito Imperfeito
Forme Négative/Forma Negativa

Je n'avais pas - Não tinha, não estava tendo
Tu n'avais pas
Il/Elle n'avait pas
Nous n'avions pas
Vous n'aviez pas
Ils/Elles n'avaient pas

Passé Simple/Pretérito Perfeito Simples
Forme Affirmative/Forma Afirmativa

J'eus - Tive
Tu eus
Il/Elle eut
Nous eûmes
Vous eûtes
Ils/Elles eurent

Passé Simple/Pretérito Perfeito Simples
Forme Négative/Forma Negativa

Je n'eus pas - Não tive
Tu n'eus pas
Il/Elle n'eut pas
Nous n'eûmes pas
Vous n'eûtes pas
Ils/Elles n'eurent pas

Futur Simple/Futuro do Presente
Forme Affirmative/Forma Afirmativa

J'aurai - Terei
Tu auras
Il/Elle aura
Nous aurons
Vous aurez
Ils/Elles auront

Futur Simple/Futuro do Presente
Forme Négative/Forma Negativa

Je n'aurai pas - Não terei
Tu n'auras pas
Il/Elle n'aura pas
Nous n'aurons pas
Vous n'aurez pas
Ils/Elles n'auront pas

Passé Composé/Pretérito Perfeito Composto
Forme Affirmative/Forma Afirmativa

J'ai eu - Tive ou tenho tido
Tu as eu
Il/Elle a eu
Nous avons eu
Vous avez eu
Ils/Elles ont eu

Passé Composé/Pretérito Perfeito Composto
Forme Négative/Forma Negativa

Je n'ai pas eu - Não tive, não tenho tido
Tu n'as pas eu
Il/Elle n'a pas eu
Nous n'avons pas eu
Vous n'avez pas eu
Ils/Elles n'ont pas eu

Plus-que-parfait/Pretérito Mais-que-perfeito Simples ou Composto
Forme Affirmative/Forma Afirmativa

J'avais eu - Tivera, tinha tido
Tu avais eu
Il/Elle avait eu
Nous avions eu
Vous aviez eu
Ils/Elles avaient eu

Plus-que-parfait/Pretérito Mais-que-perfeito Simples ou Composto
Forme Négative/Forma Negativa

Je n'avais pas eu - Não tivera, não tinha tido
Tu n'avais pas eu
Il/Elle n'avait pas eu
Nous n'avions pas eu
Vous n'aviez pas eu
Ils/Elles n'avaient pas eu

Passé Antérieur/
Forme Affirmative/Forma Afirmativa

J'eus eu
Tu eus eu
Il/Elle eut eu
Nous eûmes eu
Vous eûtes eu
Ils/Elles eurent eu

Passé Antérieur/
Forme Négative/Forma Negativa

Je n'eus pas eu - Não tinha tido
Tu n'eus pas eu
Il/Elle n'eut pas eu
Nous n'eûmes pas eu
Vous n'eûtes pas eu
Ils/Elles n'eurent pas eu

Futur Antérieur/Futuro do Presente Composto
Forme Affirmative/Forma Afirmativa

J'aurai eu - Terei tido
Tu auras eu
Il/Elle aura eu
Nous aurons eu
Vous aurez eu
Ils/Elles auront eu

Futur Antérieur/Futuro do Presente Composto
Forme Négative/Forma Negativa

Je n'aurai pas eu - Não terei tido
Tu n'auras pas eu
Il/Elle n'aura pas eu
Nous n'aurons pas eu
Vous n'aurez pas eu
Ils/Elles n'auront pas eu

Conditionnel

Présent/Futuro do Pretérito Simples do Indicativo
Forme Affirmative/Forma Afirmativa

J'aurais - Teria
Tu aurais
Il/Elle aurait
Nous aurions
Vous auriez
Ils/Elles auraient

Présent/Futuro do Pretérito Simples do Indicativo
Forme Négative/Forma Negativa

Je n'aurais pas - Não teria
Tu n'aurais pas
Il/Elle n'aurait pas
Nous n'aurions pas
Vous n'auriez pas
Ils/Elles n'auraient pas

Passé 1ère Forme/Futuro do Pretérito Composto do Indicativo
Forme Affirmative/Forma Afirmativa

J'aurais eu - Teria tido
Tu aurais eu
Il/Elle aurait eu
Nous aurions eu
Vous auriez eu
Ils/Elles auraient eu

Passé 1ère Forme/Futuro do Pretérito Composto do Indicativo
Forme Négative/Forma Negativa

Je n'aurais pas eu - Não teria tido
Tu n'aurais pas eu
Il/Elle n'aurait pas eu
Nous n'aurions pas eu
Vous n'auriez pas eu
Ils/Elles n'auraient pas eu

Passé 2ème Forme/
Forme Affirmative/Forma Afirmativa

J'eusse eu - Teria tido
Tu eusses eu
Il/Elle eût eu
Nous eussions eu
Vous eussiez eu
Ils/Elles eussent eu

Passé 2ème Forme/
Forme Négative/Forma Negativa

Je n'eusse pas eu - Não teria tido
Tu n'eusses pas eu
Il/Elle n'eût pas eu
Nous n'eussions pas eu
Vous n'eussiez pas eu
Ils/Elles n'eussent pas eu

Subjonctif/Subjuntivo

Présent/Presente
Forme Affirmative/Forma Afirmativa

que j'aie - Tenha
que tu aies
qu'il/elle ait
que nous ayons
que vous ayez
qu'ils/elles aient

Présent/Presente
Forme Négative/Forma Negativa

que je n'aie pas - Não tenha
que tu n'aies pas
qu'il/elle n'ait pas
que nous n'ayons pas
que vous n'ayez pas
qu'ils/elles n'aient pas

Imparfait/Pretérito Imperfeito
Forme Affirmative/Forma Afirmativa

que j'eusse - Tivesse
que tu eusses
qu'il/elle eût
que nous eussions
que vous eussiez
qu'ils/elles eussent

Imparfait/Pretérito Imperfeito
Forme Négative/Forma Negativa

que je n'eusse pas - Não tivesse
que tu n'eusses pas
qu'il/elle n'eût pas
que nous n'eussions pas
que vous n'eussiez pas
qu'ils/elles n'eussent pas

Passé/Pretérito Perfeito
Forme Affirmative/Forma Afirmativa

que j'aie eu - Tenha tido
que tu aies eu
qu'il/elle ait eu
que nous ayons eu
que vous ayez eu
qu'ils/elles aient eu

Passé/Pretérito Perfeito
Forme Négative/Forma Negativa

que je n'aie pas eu - Não tenha tido
que tu n'aies pas eu
qu'il/elle n'ait pas eu
que nous n'ayons pas eu
que vous n'ayez pas eu
qu'ils/elles n'aient pas eu

Plus-que-parfait/Pretérito Mais-que-perfeito
Forme Affirmative/Forma Afirmativa

que j'eusse eu - Tivesse tido
que tu eusses eu
qu'il/elle eût eu
que nous eussions eu
que vous eussiez eu
qu'ils/elles eussent eu

Plus-que-parfait/Pretérito Mais-que-perfeito
Forme Négative/Forma Negativa

que je n'eusse pas eu - Não tivesse tido
que tu n'eusses pas eu
qu'il/elle n'eût pas eu
que nous n'eussions pas eu
que vous n'eussiez pas eu
qu'ils/elles n'eussent pas eu

Impératif/Imperativo

Présent/
Forme Affirmative/Forma Afirmativa

aie - Tem
ayons
ayez

Présent/
Forme Négative/Forma Negativa

n'aie pas - Não tenhas
n'ayons pas
n'ayez pas

Passé/
Forme Affirmative/Forma Afirmativa

aie eu - Tem tido
ayons eu
ayez eu

Passé/
Forme Négative/Forma Negativa

n'aie pas eu - Não tem tido
n'ayons pas eu
n'ayez pas eu

Participe/Particípio

Présent/Presente
Forme Affirmative/Forma Afirmativa

ayant - Tendo

Présent/Presente
Forme Négative/Forma Negativa

n'ayant pas - Não tendo

Passé/Passado
Forme Affirmative/Forma Afirmativa

eu, eue - Tido
ayant eu - Tendo tido

Passé/Passado
Forme Négative/Forma Negativa

n' ayant pas eu - Não tendo tido

Infinitif/Infinitivo

Présent/Presente
Forme Affirmative/Forma Afirmativa

avoir - Ter

Présent/Presente
Forme Négative/Forma Negativa

ne pas avoir - Não ter

Passé/Passado
Forme Affirmative/Forma Afirmativa

avoir eu - Ter tido

Passé/Passado
Forme Négative/Forma Negativa

ne pas avoir eu - Não ter tido

Gérondif/Gerúndio

Forme Affirmative/Forma Afirmativa:

en ayant - Tendo

Forme Négative/Forma Negativa:

en n'ayant pas - Não tendo

4.2. Verbes du 1er groupe (Verbos da 1.ª conjugação)

ADORER (adorar)

Indicatif/Indicativo

Présent/Presente
Forme Affirmative/Forma Afirmativa

J'ador-*e* - Adoro, estou adorando
Tu ador-*es*
Il/Elle ador-*e*
Nous ador-*ons*
Vous ador-*ez*
Ils/Elles ador-*ent*

Présent/Presente
Forme Négative/Forma Negativa

Je n'ador-*e* pas - Não adoro
Tu n' ador-*es* pas
Il/Elle n'ador-*e* pas
Nous n'ador-*ons* pas
Vous n' ador-*ez* pas
Ils/Elles n'ador-*ent* pas

Imparfait/Pretérito Imperfeito
Forme Affirmative/Forma Afirmativa

J'ador-*ais* - Adorava, estava adorando
Tu ador-*ais*
Il/Elle ador-*ait*
Nous ador-*ions*
Vous ador-*iez*
Ils/Elles ador-*aient*

Imparfait/Pretérito Imperfeito
Forme Négative/Forma Negativa

Je n'ador-*ais* pas - Não adorava, não estava adorando
Tu n'ador-*ais* pas
Il/Elle n'ador-*ait* pas
Nous n'ador-*ions* pas
Vous n'ador-*iez* pas
Ils/Elles n'ador-*aient* pas

Passé Simple/Pretérito Perfeito Simples
Forme Affirmative/Forma Afirmativa

J'ador-*ai* - Adorei
Tu ador-*as*
Il/Elle ador-*a*
Nous ador-*âmes*
Vous ador-*âtes*
Ils/Elles ador-*èrent*

Passé Simple/Pretérito Perfeito Simples
Forme Négative/Forma Negativa

Je n'ador-*ai* pas - Não adorei
Tu n'ador-*as* pas
Il/Elle n'ador-*a* pas
Nous n'ador-*âmes* pas
Vous n'ador-*âtes* pas
Ils/Elles n'ador-*èrent* pas

Futur Simple/Futuro do Presente
Forme Affirmative/Forma Afirmativa

J'adorer-*ai* - Adorarei
Tu adorer-*as*
Il/Elle adorer-*a*
Nous adorer-*ons*
Vous adorer-*ez*
Ils/Elles adorer-*ont*

Futur Simple/Futuro do Presente
Forme Négative/Forma Negativa

Je n'adorer-*ai* pas - Não adorarei
Tu n'adorer-*as* pas
Il/Elle n'adorer-*a* pas
Nous n'adorer-*ons* pas
Vous n'adorer-*ez* pas
Ils/Elles n'adorer-*ont* pas

Passé Composé/Pretérito Perfeito Composto
Forme Affirmative/Forma Afirmativa
J'ai adoré - Adorei, tenho adorado
Tu as adoré
Il/Elle a adoré
Nous avons adoré
Vous avez adoré
Ils/Elles ont adoré

Passé Composé/Pretérito Perfeito Composto
Forme Négative/Forma Negativa

Je n'ai pas adoré - Não adorei, não tenho adorado
Tu n'as pas adoré
Il/Elle n'a pas adoré
Nous n'avons pas adoré
Vous n'avez pas adoré
Ils/Elles n'ont pas adoré

Plus-que-parfait/Pretérito Mais-que-perfeito
Forme Affirmative/Forma Afirmativa

J'avais adoré - Adorara
Tu avais adoré
Il/Elle avait adoré
Nous avions adoré
Vous aviez adoré
Ils/Elles avaient adoré

Plus-que-parfait/Pretérito Mais-que-perfeito
Forme Négative/Forma Negativa

Je n'avais pas adoré - Não adorara
Tu n'avais pas adoré
Il/Elle n'avait pas adoré
Nous n'avions pas adoré
Vous n'aviez pas adoré
Ils/Elles n'avaient pas adoré

Passé Antérieur/
Forme Affirmative/Forma Afirmativa

J'eus adoré
Tu eus adoré
Il/Elle eut adoré
Nous eûmes adoré
Vous eûtes adoré
Ils/Elles eurent adoré

Passé Antérieur/
Forme Négative/Forma Negativa

Je n'eus pas adoré
Tu n'eus pas adoré
Il/Elle n'eut pas adoré
Nous n'eûmes pas adoré
Vous n'eûtes pas adoré
Ils/Elles n'eurent pas adoré

Futur Antérieur/Futuro do Presente Composto
Forme Affirmative/Forma Afirmativa

J'aurai adoré - Terei adorado
Tu auras adoré
Il/Elle aura adoré
Nous aurons adoré
Vous aurez adoré
Ils/Elles auront adoré

Futur Antérieur/Futuro do Presente Composto
Forme Négative/Forma Negativa

Je n'aurai pas adoré - Não terei adorado
Tu n'auras pas adoré
Il/Elle n'aura pas adoré
Nous n'aurons pas adoré
Vous n'aurez pas adoré
Ils/Elles n'auront pas adoré

Conditionnel

Présent/Futuro do Pretérito Simples do Indicativo
Forme Affirmative/Forma Afirmativa

J'adorer-*ais* - Adoraria
Tu adorer-*ais*
Il/Elle adorer-*ait*
Nous adorer-*ions*
Vous adorer-*iez*
Ils/Elles adorer-*aient*

Présent/Futuro do Pretérito Simples do Indicativo
Forme Négative/Forma Negativa

Je n'adorer-*ais* pas - Não adoraria
Tu n'adorer-*ais* pas
Il/Elle n'adorer-*ait* pas
Nous n'adorer-*ions* pas
Vous n'adorer-*iez* pas
Ils/Elles n'adorer-*aient* pas

Passé 1ère Forme/Futuro do Pretérito Composto do Indicativo
Forme Affirmative/Forma Afirmativa

J'aurais adoré - Teria adorado
Tu aurais adoré
Il/Elle aurait adoré
Nous aurions adoré
Vous auriez adoré
Ils/Elles auraient adoré

Passé 1ère forme/Futuro do pretérito composto do Indicativo
Forme Négative/Forma Negativa

Je n'aurais pas adoré - Não teria adorado
Tu n'aurais pas adoré
Il/Elle n'aurait pas adoré
Nous n'aurions pas adoré
Vous n'auriez pas adoré
Ils/Elles n'auraient pas adoré

Passé 2ème Forme/Passado 2.ª Forma
Forme Affirmative/Forma Afirmativa

Je eusse adoré
Tu eusses adoré
Il/Elle eût adoré
Nous eussions adoré
Vous eussiez adoré
Ils/Elles eussent adoré

Passé 2ème Forme/Passado 2.ª Forma
Forme Négative/Forma Negativa

Je n'eusse pas adoré
Tu n'eusses pas adoré
Il/Elle n'eût pas adoré
Nous n'eussions pas adoré
Vous n'eussiez pas adoré
Ils/Elles n'eussent pas adoré

Subjonctif/Subjuntivo

Présent/Presente
Forme Affirmative/Forma Afirmativa

que j'ador-*e* - Adore
que tu ador-*es*
qu'il/elle ador-*e*
que nous ador-*ions*
que vous ador-*iez*
qu'ils/elles ador-*ent*

Présent/Presente
Forme Négative/Forma Negativa

que je n'ador-*e* pas - Não adore
que tu n'ador-*es* pas
qu'il/elle n'ador-*e* pas
que nous n'ador-*ions* pas
que vous n'ador-*iez* pas
qu'ils/elles n'ador-*ent* pas

Imparfait/Pretérito Imperfeito
Forme Affirmative/Forma Afirmativa

que j'ador-*asse* -Adorasse
que tu ador-*asses*
qu'il/elle ador-*ât*
que nous ador-*assions*
que vous ador-*assiez*
qu'ils/elles ador-*assent*

Passé/Pretérito Perfeito
Forme Affirmative/Forma Afirmativa

que j'aie adoré - Tenha adorado
que tu aies adoré
qu'il/elle ait adoré
que nous ayons adoré
que vous ayez adoré
qu'ils/elles aient adoré

Passé/Pretérito Perfeito
Forme Négative/Forma Negativa

que je n'aie pas adoré - Não tenha adorado
que tu n'aies pas adoré
qu'il/elle n'ait pas adoré
que nous n'ayons pas adoré
que vous n'ayez pas adoré
qu'ils/elles n'aient pas adoré

**Plus-que-parfait/Pretérito Mais-que-perfeito
Forme Affirmative/Forma Afirmativa**

que j'eusse adoré - Tivesse adorado
que tu eusses adoré
qu'il/elle eût adoré
que nous eussions adoré
que vous eussiez adoré
qu'ils/elles eussent adoré

**Plus-que-parfait/Pretérito Mais-que-perfeito
Forme Négative/Forma Negativa**

que je n'eusse pas adoré - Não tivesse adorado
que tu n'eusses pas adoré
qu'il/elle n'eût pas adoré
que nous n'eussions pas adoré
que vous n'eussiez pas adoré
qu'ils/elles n'eussent pas adoré

Impératif/Imperativo

**Présent/
Forme Affirmative/Forma Afirmativa**

ador-*e* - Adora
ador-*ons*
ador-*ez*

Présent/
Forme Négative/Forma Negativa

n'ador-*e* pas - Não adores
n'ador-*ons* pas
n'ador-*ez* pas

Passé/
Forme Affirmative/Forma Afirmativa

aie adoré
ayons adoré
ayez adoré

Passé/
Forme Négative/Forma Negativa
n'aie pas adoré
n'ayons pas adoré
n'ayez pas adoré

Participe/Particípio

Présent/Presente
Forme Affirmative/Forma Afirmativa

ador-*ant* - Adorado

Présent/Presente
Forme Négative/Forma Negativa

n'ador-*ant* pas - Não adorado

Passé/Passado
Forme Affirmative/Forma Afirmativa

ador-*é*, ador-*ée* - Adorado, adorada
ayant adoré - Tendo adorado

Passé/Passado
Forme Négative/Forma Negativa

n'ayant pas adoré - Não tendo adorado

Infinitif/Infinitivo

Présent/Presente
Forme Affirmative/Forma Afirmativa

ador-*er* -Adorar

Présent/Presente
Forme Négative/Forma Negativa

ne pas ador-*er* - Não adorar

Passé/Passado
Forme Affirmative/Forma Afirmativa

avoir adoré - Ter adorado

Passé/Passado
Forme Négative/Forma Negativa

n'avoir pas adoré - Não ter adorado

Gérondif/Gerúndio

Forme Affirmative/Forma Afirmativa:

en adorant - Adorando

Forme Négative/Forma Negativa:

en n'adorant pas - Não adorando

OBSERVAÇÕES

1. Coloca-se uma cedilha diante das vogais *a* e *o*, para conservar o som (s) do radical dos verbos terminados em -CER. Ex: agaçait , agaçons.

>   agacer - incomodar
>   commencer - começar
>   déplacer - deslocar
>   divorcer - divorciar
>   émincer - fatiar
>   enfoncer - enfiar
>   énoncer - enunciar
>   exercer - exercer
>   nuancer - matizar
>   placer - colocar
>   poncer - polir
>   rincer - enxaguar
>   tracer - traçar

2. Coloca-se um *e* depois do *g* diante das vogais *a* e *o*, a fim de conservar o som (g) do radical dos verbos terminados em -GER. Ex: mangeait, mangeons.

aménager- arranjar
charger - carregar
émerger - emergir
engager - empenhar
forger - forjar
héberger - hospedar
infliger - infligir
juger - julgar
loger - morar
manger - comer
nager - nadar
partager - partilhar
patauger - chafurdar
propager - propagar
purger - purificar
ravager - devastar
ronger - roer

3. Nos verbos como *céder*, isto é, que possuem um **é** na penúltima sílaba do infinitivo, muda-se **é** para **è** diante de uma sílaba muda.

Ex. *Fabian ne cède jamais.*
Fabian não cede nunca.

Seguem esta regra os verbos terminados em:

-ébrer
célébrer - celebrar

-écher
pécher - pecar

-écrer
exécrer - abominar

-éder
céder - ceder

-égler
régler - regular

-égner
régner - reinar

-égrer
intégrer - integrar

-éguer
déléguer - delegar

-éler
crételer - cacarejar

-émer
crémer - cobrir de nata

-éner
refréner - reprimir

-érer
adhérer - aderir

-éser
diéser - marcar uma nota com um sustenido

-éter
refléter - refletir

-étrer
métrer - medir por metros

4.3. Verbes du 2ᵉ Groupe (Verbos da 2.ª Conjugação)

• **VIEILLIR (envelhecer)**

Indicatif/Indicativo

Présent/Presente
Forme Affirmative/Forma Afirmativa

Je vieill-*is* - Envelheço, estou envelhecendo
Tu vieill-*is*
Il/Elle vieill-*it*
Nous vieill-*issons*
Vous vieill-*issez*
Ils/Elles vieill-*issent*

Présent/Presente
Forme Négative/Forma Negativa

Je ne vieill-*is* pas - Não envelheço, não estou envelhecendo
Tu ne vieill-*is* pas
Il/Elle ne vieill-*it* pas
Nous ne vieill-*issons* pas
Vous ne vieill-*issez* pas
Ils/Elles ne vieill-*issent* pas

Imparfait/Pretérito Imperfeito
Forme Affirmative/Forma Afirmativa

Je vieill-*issais* - Envelhecia, estava envelhecendo
Tu vieill-*issais*
Il/Elle vieill-*issait*
Nous vieill-*issions*
Vous vieill-*issiez*
Ils/Elles vieill-*issaient*

Imparfait/Pretérito Imperfeito
Forme Négative/Forma Negativa

Je ne vieill-*issais* pas - Não envelhecia, não estava envelhecendo
Tu ne vieill-*issais* pas
Il/Elle ne vieill-*issait* pas
Nous ne vieill-*issions* pas
Vous ne vieill-*issiez* pas
Ils/Elles ne vieill-*issaient* pas

Passé Simple/Pretérito Perfeito Simples
Forme Affirmative/Forma Afirmativa

Je vieill-*is* - Envelheci
Tu vieill-*is*
Il/Elle vieill-*it*
Nous vieill-*îmes*
Vous vieill-*îtes*
Ils/Elles vieill-*irent*

Passé Simple/Pretérito Perfeito Simples
Forme Négative/Forma Negativa

Je ne vieill-*is* pas - Não envelheci
Tu ne vieill-*is* pas
Il/Elle ne vieill-*it* pas
Nous ne vieill-*îmes* pas
Vous ne vieill-*îtes* pas
Ils/Elles ne vieill-*irent* pas

Futur Simple/Futuro do Presente
Forme Affirmative/Forma Afirmativa

Je vieillir-*ai* - Envelhecerei
Tu vieillir-*as*
Il/Elle vieillir-*a*
Nous vieillir-*ons*
Vous vieillir-*ez*
Ils/Elles vieillir-*ont*

Futur Simple/Futuro do Presente
Forme Négative/Forma Negativa

Je ne vieillir-*ai* pas - Não envelhecerei
Tu ne vieillir-*as* pas
Il/Elle ne vieillir-*a* pas
Nous ne vieillir-*ons* pas
Vous ne vieillir-*ez* pas
Ils/Elles ne vieillir-*ont* pas

Passé Composé/Pretérito Perfeito Composto
Forme Affirmative/Forma Afirmativa

J'ai vieilli - Envelheci, tenho envelhecido
Tu as vieilli
Il/Elle a vieilli
Nous avons vieilli
Vous avez vieilli
Ils/Elles ont vieilli

Passé Composé/Pretérito Perfeito Composto
Forme Négative/Forma Negativa

Je n'ai pas vieilli - Não envelheci, não tenho envelhecido
Tu n'as pas vieilli
Il/Elle n'a pas vieilli
Nous n'avons pas vieilli
Vous n'avez pas vieilli
Ils/Elles n'ont pas vieilli

Plus-que-parfait/Pretérito Mais-que-perfeito
Forme Affirmative/Forma Afirmativa

J'avais vieilli - Envelhecera, tinha envelhecido
Tu avais vieilli
Il/Elle avait vieilli
Nous avions vieilli
Vous aviez vieilli
Ils/Elles avaient vieilli

Plus-que-parfait/Pretérito Mais-que-perfeito
Forme Négative/Forma Negativa

Je n'avais pas vieilli - Não envelhecera, não tinha envelhecido
Tu n'avais pas vieilli
Il/Elle n'avait pas vieilli
Nous n'avions pas vieilli
Vous n'aviez pas vieilli
Ils/Elles n'avaient pas vieilli

Passé Antérieur/
Forme Affirmative/Forma Afirmativa

J'eus vieilli
Tu eus vieilli
Il/Elle eut vieilli
Nous eûmes vieilli
Vous eûtes vieilli
Ils/Elles eurent vieilli

Passé Antérieur/
Forme Négative/Forma Negativa

Je n'eus pas vieilli
Tu n'eus pas vieilli
Il/Elle n'eut pas vieilli
Nous n'eûmes pas vieilli
Vous n'eûtes pas vieilli
Ils/Elles n'eurent pas vieilli

Futur antérieur/Futuro do presente composto
Forme Affirmative/Forma Afirmativa

J'aurai vieilli - Terei envelhecido
Tu auras vieilli
Il/Elle aura vieilli
Nous aurons vieilli
Vous aurez vieilli
Ils/Elles auront vieilli

Futur Antérieur/Futuro do Presente Composto
Forme Négative/Forma Negativa

Je n'aurai pas vieilli - Não terei envelhecido
Tu n'auras pas vieilli
Il/Elle n'aura pas vieilli
Nous n'aurons pas vieilli
Vous n'aurez pas vieilli
Ils/Elles n'auront pas vieilli

Conditionnel

Présent/Futuro do Pretérito Simples do Indicativo
Forme Affirmative/Forma Afirmativa

Je vieillir-*ais* - Envelheceria
Tu vieillir-*ais*
Il/Elle vieillir-*ait*
Nous vieillir-*ions*
Vous vieillir-*iez*
Ils/Elles vieillir-*aient*

Présent/Futuro do Pretérito Simples do Indicativo
Forme Négative/Forma Negativa

Je ne vieillir-*ais* pas - Não envelheceria
Tu ne vieillir-*ais* pas
Il/Elle ne vieillir-*ait* pas
Nous ne vieillir-*ions* pas
Vous ne vieillir-*iez* pas
Ils/Elles ne vieillir-*aient* pas

Passé 1ère Forme/Futuro do Pretérito Composto do Indicativo
Forme Affirmative/Forma Afirmativa

J'aurais vieilli - Teria envelhecido
Tu aurais vieilli
Il/Elle aurait vieilli
Nous aurions vieilli
Vous auriez vieilli
Ils/Elles auraient vieilli

Passé 1ère Forme/Futuro do Pretérito Composto do Indicativo
Forme Négative/Forma Negativa

Je n'aurais pas vieilli - Não teria envelhecido
Tu n'aurais pas vieilli
Il/Elle n'aurait pas vieilli
Nous n'aurions pas vieilli
Vous n'auriez pas vieilli
Ils/Elles n'auraient pas vieilli

Passé 2ème forme/
Forme Affirmative/Forma Afirmativa

J'eusse vieilli
Tu eusses vieilli
Il/Elle eût vieilli
Nous eussions vieilli
Vous eussiez vieilli
Ils/Elles eussent vieilli

Passé 2ème forme/
Forme Négative/Forma Negativa

Je n'eusse pas vieilli
Tu n'eusses pas vieilli
Il/Elle n'eût pas vieilli
Nous n'eussions pas vieilli
Vous n'eussiez pas vieilli
Ils/Elles n'eussent pas vieilli

Subjonctif/Subjuntivo

Présent/Presente
Forme Affirmative/Forma Afirmativa

que je vieill-*isse* - Envelheça
que tu vieill-*isses*
qu'il/elle vieill-*isse*
que nous vieill-*issions*
que vous vieill-*issiez*
qu'ils/elles vieill-*issent*

Présent/Presente
Forme Négative/Forma Negativa

que je ne vieill-*isse* pas - Não envelheça
que tu ne vieill-*isses* pas
qu'il/elle ne vieill-*isse* pas
que nous ne vieill-*issions* pas
que vous ne vieill-*issiez* pas
qu'ils/elles ne vieill-*issent* pas

Imparfait/Pretérito Imperfeito
Forme Affirmative/Forma Afirmativa

que je vieill-*isse* - Envelhecesse
que tu vieill-*isses*
qu'il/elle vieill-*ît*
que nous vieill-*issions*
que vous vieill-*issiez*
qu'ils/elles vieill-*issent*

Imparfait/Pretérito Imperfeito
Forme Négative/Forma Negativa

que je ne vieill-*isse* pas - Não envelhecesse
que tu ne vieill-*isses* pas
qu'il/elle ne vieill-*ît* pas
que nous ne vieill-*issions* pas
que vous ne vieill-*issiez* pas
qu'ils/elles ne vieill-*issent* pas

Passé/Pretérito Perfeito do Subjuntivo
Forme Affirmative/Forma Afirmativa

que j'aie vieilli - Tenha envelhecido
que tu aies vieilli
qu'il/elle ait vieilli
que nous ayons vieilli
que vous ayez vieilli
qu'ils/elles aient vieilli

Passé/Pretérito Perfeito do Subjuntivo
Forme Négative/Forma Negativa

que je n'aie pas vieilli - Não tenha envelhecido
que tu n'aies pas vieilli
qu'il/elle n'ait pas vieilli
que nous n'ayons pas vieilli
que vous n'ayez pas vieilli
qu'ils/elles n'aient pas vieilli

Plus-que-parfait/Pretérito Mais-que-perfeito
Forme Affirmative/Forma Afirmativa

que j'eusse vieilli - Tivesse envelhecido
que tu eusses vieilli
qu'il/elle eût vieilli
que nous eussions vieilli
que vous eussiez vieilli
qu'ils/elles eussent vieilli

Plus-que-parfait/Pretérito Mais-que-perfeito
Forme Négative/Forma Negativa

que je n'eusse pas vieilli - Não tivesse envelhecido
que tu n'eusses pas vieilli
qu'il/elle n'eût pas vieilli
que nous n'eussions pas vieilli
que vous n'eussiez pas vieilli
qu'ils/elles n'eussent pas vieilli

Impératif/Imperativo

Présent/
Forme Affirmative/Forma Afirmativa

vieill-*is* - Envelhece
vieill-*issons*
vieill-*issez*

Présent/
Forme Négative/Forma Negativa

ne vieill-*is* pas - Não envelheças
ne vieill-*issons* pas
ne vieill-*issez* pas

Passé/
Forme Affirmative/Forma Afirmativa

aie vieilli
ayons vieilli
ayez vieilli

Passé/
Forme Négative/Forma Negativa

n'aie pas vieilli
n'ayons pas vieilli
n'ayez pas vieilli

Participe/Particípio

Présent/Presente
Forme Affirmative/Forma Afirmativa

vieill-*issant* - Envelhecendo

Présent/Presente
Forme Négative/Forma Negativa

ne vieill-*issant* pas - Não envelhecendo

Passé/Passado
Forme Affirmative/Forma Afirmativa

vieill-*i*, vieill-*ie* - Envelhecido, envelhecida
ayant vieilli - Tendo envelhecido

Passé/Passado
Forme Négative/Forma Negativa

n' ayant pas vieilli - Não tendo envelhecido

Infinitif/Infinitivo

Présent/Presente
Forme Affirmative/Forma Afirmativa

vieilli*r* - Envelhecer

Présent/Presente
Forme Négative/Forma Negativa

ne pas vieilli*r* - Não envelhecer

Passé/Passado
Forme Affirmative/Forma Afirmativa

avoir vieilli - Ter envelhecido

Passé/Passado
Forme Négative/Forma Negativa

n'avoir pas vieilli

Gérondif/Gerúndio

Forme Affirmative/Forma Afirmativa:

en vieillissant - Envelhecendo

Forme Négative/Forma Negativa:

en ne vieillissant pas - Não envelhecendo

Alguns verbos do *2e groupe* (2.ª conjugação) com seus respectivos particípios passados:

INFINITIVO	PART. PASSADO	TRADUÇÃO
agrandir	agrandi	aumentar
avertir	averti	avisar, prevenir
bénir	béni e bénit	abençoar
blanchir	blanchi	embranquecer
choisir	choisi	escolher
établir	établi	estabelecer
faiblir	faibli	enfraquecer

INFINITIVO	PART. PASSADO	TRADUÇÃO
finir	*fini*	terminar, acabar
grandir	*grandi*	crescer
grossir	*grossi*	engordar
guérir	*guéri*	curar, sarar
haïr	*haï*	odiar
jaunir	*jauni*	amarelar
jouir	*joui*	gozar
maigrir	*maigri*	emagrecer
nourrir	*nourri*	alimentar
punir	*puni*	punir
remplir	*rempli*	preencher
réunir	*réuni*	reunir
rougir	*rougi*	enrubescer
salir	*sali*	sujar
unir	*uni*	unir

PARTICULARIDADES

Três verbos desta conjugação apresentam pequenas irregularidades em algumas formas. São os verbos: *bénir* (abençoar), *fleurir* (florescer) e *haïr* (odiar).

• O verbo *bénir* tem dois particípios: *béni (e)* e *bénit (e)*. Este último particípio é usado apenas para objetos que receberam uma bênção litúrgica:

   pain béni (pão abençoado)
   eau bénite (água benta)

• O verbo *fleurir*, no sentido de "estar em flor", "florar", é inteiramente conjugado como o modelo da segunda conjugação, enquanto no sentido de "prosperar" tem outras formas:

fleurir:	"estar em flor"	"prosperar"
particípio:	*fleurissant*	*florissant*
imperfeito:	*fleurissait*	*florissait*

• O verbo *haïr* conserva o trema sobre o *i* em toda a sua conjugação e, conseqüentemente, este é pronunciado.

Exceções:

a) três pessoas do singular do Presente do Indicativo:

> *Je hais, Tu hais, Il/Elle hait*

b) 2.ª pessoa do singular do Imperativo: *hais*

4.4. Verbes du 3ᵉ Groupe (Verbos da 3.ª Conjugação)

Fazem parte da terceira conjugação os verbos:

1. que terminam em -IR, que não apresentam -IS na 1.ª pessoa do Presente do Indicativo nem -ISS no Particípio Presente, como por exemplo o verbo ***ment-IR***;

2. que terminam por -OIR, como por exemplo o verbo ***v-OIR***;

3. que terminam por -RE, como por exemplo o verbo ***rend-RE***;

4. o verbo ***aller***.

• VERBOS QUE TERMINAM EM -IR :

• MENT-IR (Mentir)

Indicatif/Indicativo

Présent/Presente
Forme Affirmative/Forma Afirmativa

Je men-*s* - Minto, estou mentindo
Tu men-*s*
Il/Elle men-*t*
Nous ment-*ons*
Vous ment-*ez*
Ils/Elles ment-*ent*

Présent/Presente
Forme Négative/Forma Negativa

Je ne men-*s* pas - Não minto, não estou mentindo
Tu ne men-*s* pas
Il/Elle ne men-*t* pas
Nous ne ment-*ons* pas
Vous ne ment-*ez* pas
Ils/Elles ne ment-*ent* pas

Imparfait/Pretérito Imperfeito
Forme Affirmative/Forma Afirmativa

Je ment-*ais* - Mentia, estava mentindo
Tu ment-*ais*
Il/Elle ment-*ait*
Nous ment-*ions*
Vous ment-*iez*
Ils/Elles ment-a*ient*

Imparfait/Pretérito Imperfeito
Forme Négative/Forma Negativa

Je ne ment-*ais* pas - Não mentia, não estava mentindo
Tu ne ment-*ais* pas
Il/Elle ne ment-*ait* pas
Nous ne ment-*ions* pas
Vous ne ment-*iez* pas
Ils/Elles ne ment-*aient* pas

Passé Simple/Pretérito Perfeito Simples
Forme Affirmative/Forma Afirmativa

Je ment-*is* - Menti
Tu ment-*is*
Il/Elle ment-*it*
Nous ment-*îmes*
Vous ment-*îtes*
Ils/Elles ment-*irent*

Passé Simple/Pretérito Perfeito Simples
Forme Négative/Forma Negativa

Je ne ment-*is* pas - Não menti
Tu ne ment-*is* pas
Il/Elle ne ment-*it* pas
Nous ne ment-*îmes* pas
Vous ne ment-*îtes* pas
Ils/Elles ne ment-*irent* pas

Futur Simple/Futuro do Presente
Forme Affirmative/Forma Afirmativa

Je mentir-*ai* - Mentirei
Tu mentir-*as*
Il/Elle mentir-*a*
Nous mentir-*ons*
Vous mentir-*ez*
Ils/Elles mentir-*ont*

Futur Simple/Futuro do Presente
Forme Négative/Forma Negativa

Je ne mentir-*ai* pas - Não mentirei
Tu ne mentir-*as* pas
Il/Elle ne mentir-*a* pas
Nous ne mentir-*ons* pas
Vous ne mentir-*ez* pas
Ils/Elles ne mentir-*ont* pas

Passé Composé/Pretérito Perfeito Composto
Forme Affirmative/Forma Afirmativa

J'ai menti - Menti, tenho mentido
Tu as menti
Il/Elle a menti
Nous avons menti
Vous avez menti
Ils/Elles ont menti

**Passé Composé/Pretérito Perfeito Composto
Forme Négative/Forma Negativa**

Je n'ai pas menti - Não menti, não tenho mentido
Tu n'as pas menti
Il/Elle n'a pas menti
Nous n'avons pas menti
Vous n'avez pas menti
Ils/Elles n'ont pas menti

**Plus-que-parfait/Pretérito Mais-que-perfeito
Forme Affirmative/Forma Afirmativa**

J'avais menti - Mentira, tinha mentido
Tu avais menti
Il/Elle avait menti
Nous avions menti
Vous aviez menti
Ils/Elles avaient menti

**Plus-que-parfait/Pretérito Mais-que-perfeito
Forme Négative/Forma Negativa**

Je n'avais pas menti - Não mentira, não tinha mentido
Tu n'avais pas menti
Il/Elle n'avait pas menti
Nous n'avions pas menti
Vous n'aviez pas menti
Ils/Elles n'avaient pas menti

Passé Antérieur/
Forme Affirmative/Forma Afirmativa

J'eus menti
Tu eus menti
Il/Elle eut menti
Nous eûmes menti
Vous eûtes menti
Ils/Elles eurent menti

Passé Antérieur/
Forme Négative/Forma Negativa

Je n'eus pas menti
Tu n'eus pas menti
Il/Elle n'eut pas menti
Nous n'eûmes pas menti
Vous n'eûtes pas menti
Ils/Elles n'eurent pas menti

Futur Antérieur/Futuro do Presente Composto
Forme Affirmative/Forma Afirmativa

J'aurai menti - Terei mentido
Tu auras menti
Il/Elle aura menti
Nous aurons menti
Vous aurez menti
Ils/Elles auront menti

Futur Antérieur/Futuro do Presente Composto
Forme Négative/Forma Negativa

Je n'aurai pas menti - Não terei mentido
Tu n'auras pas menti
Il/Elle n'aura pas menti
Nous n'aurons pas menti
Vous n'aurez pas menti
Ils/Elles n'auront pas menti

Conditionnel

Présent/Futuro do Pretérito Simples do Indicativo
Forme Affirmative/Forma Afirmativa

Je mentir-*ais* - Mentiria
Tu mentir-*ais*
Il/Elle mentir-*ait*
Nous mentir-*ions*
Vous mentir-*iez*
Ils/Elles mentir-*aient*

Présent/Futuro do Pretérito Simples do Indicativo
Forme Négative/Forma Negativa

Je ne mentir-*ais* pas - Não mentiria
Tu ne mentir-*ais* pas
Il/Elle ne mentir-*ait* pas
Nous ne mentir-*ions* pas
Vous ne mentir-*iez* pas
Ils/Elles ne mentir-*aient* pas

Passé 1ère Forme/Futuro do Pretérito Composto do Indicativo
Forme Affirmative/Forma Afirmativa

J'aurais menti - Teria mentido
Tu aurais menti
Il/Elle aurait menti
Nous aurions menti
Vous auriez menti
Ils/Elles auraient menti

Passé 1ère forme/Futuro do Pretérito Composto do Indicativo
Forme Négative/Forma Negativa

Je n'aurais pas menti - Não teria mentido
Tu n'aurais pas menti
Il/Elle n'aurait pas menti
Nous n'aurions pas menti
Vous n'auriez pas menti
Ils/Elles n'auraient pas menti

Passé 2ème forme/
Forme Affirmative/Forma Afirmativa

J'eusse menti
Tu eusses menti
Il/Elle eût menti
Nous eussions menti
Vous eussiez menti
Ils/Elles eussent menti

Passé 2ème forme/
Forme Négative/Forma Negativa

Je n'eusse pas menti
Tu n'eusses pas menti
Il/Elle n'eût pas menti
Nous n'eussions pas menti
Vous n'eussiez pas menti
Ils/Elles n'eussent pas menti

Subjonctif/Subjuntivo

Présent/Presente
Forme Affirmative/Forma Afirmativa

que je ment-*e* - Minta
que tu ment-*e*
qu'il/elle ment-*e*
que nous ment-*ions*
que vous ment-*iez*
qu'ils/elles ment-*ent*

Présent/Presente
Forme Négative/Forma Negativa

que je ne ment-*e* pas - Não minta
que tu ne ment-*es* pas
qu'il/elle ne ment-*e* pas
que nous ne ment-*ions* pas
que vous ne ment-*iez* pas
qu'ils/elles ne ment-*ent* pas

Imparfait/Pretérito Imperfeito
Forme Affirmative/Forma Afirmativa

que je ment-*isse*- Mentisse
que tu ment-*isses*
qu'il/elle ment-*ît*
que nous ment-*issions*
que vous ment-*issiez*
qu'ils/elles ment-*issent*

Imparfait/Pretérito Imperfeito
Forme Négative/Forma Negativa

que je ne ment-*isse* pas - Não mentisse
que tu ne ment-*isses* pas
qu'il/elle ne ment-*ît* pas
que nous ne ment-*issions* pas
que vous ne ment-*issiez* pas
qu'ils/elles ne ment-*issent* pas

Passé/Pretérito Perfeito
Forme Affirmative/Forma Afirmativa

que j'aie menti - Tenha mentido
que tu aies menti
qu'il/elle ait menti
que nous ayons menti
que vous ayez menti
qu'ils/elles aient menti

Passé/Pretérito Perfeito
Forme Négative/Forma Negativa

que je n'aie pas menti - Não tenha mentido
que tu n'aies pas menti
qu'il/elle n'ait pas menti
que nous n'ayons pas menti
que vous n'ayez pas menti
qu'ils/elles n'aient pas menti

Plus-que-parfait/Pretérito Mais-que-perfeito
Forme Affirmative/Forma Afirmativa

que j'eusse menti - Tivesse mentido
que tu eusses menti
qu'il/elle eût menti
que nous eussions menti
que vous eussiez menti
qu'ils/elles eussent menti

Plus-que-parfait/Pretérito Mais-que-perfeito
Forme Négative/Forma Negativa

que je n'eusse pas menti - Não tivesse mentido
que tu n'eusses pas menti
qu'il/elle n'eût pas menti
que nous n'eussions pas menti
que vous n'eussiez pas menti
qu'ils/elles n'eussent pas menti

Impératif/Imperativo

Présent/
Forme Affirmative/Forma Afirmativa

mens - Mente
ment-*ons*
ment-*ez*

Présent/
Forme Négative/Forma Negativa

ne mens pas - Não mintas
ne ment-*ons* pas
ne ment-*ez* pas

Passé/
Forme Affirmative/Forma Afirmativa

aie menti
ayons menti
ayez menti

Passé/
Forme Négative/Forma Negativa

n'aie pas menti
n'ayons pas menti
n'ayez pas menti

Participe/Particípio

Présent/Presente
Forme Affirmative/Forma Afirmativa

ment-*ant* - Mentindo

Présent/Presente
Forme Négative/Forma Negativa

ne ment - *ant* pas - Não mentindo

Passé/Passado
Forme Affirmative/Forma Afirmativa

ment-*i*, ment-*ie* - Mentido
ayant menti- Tendo mentido

Passé/Passado
Forme Négative/Forma Negativa

ment-*i*, ment-*ie*
n' ayant pas menti - Não tendo mentido

Infinitif/Infinitivo

Présent/Presente
Forme Affirmative/Forma Afirmativa

ment*ir* - mentir

Présent/Presente
Forme Négative/Forma Negativa

ne pas ment*ir* - Não mentir

Passé/Passado
Forme Affirmative/Forma Afirmativa

avoir menti - Ter mentido

Passé/Passado
Forme Négative/Forma Negativa

ne pas avoir menti - Não ter mentido

Gérondif/Gerúndio

Forme Affirmative/Forma Afirmativa:

en mentant - Mentindo

Forme Négative/Forma Negativa:

en ne mentant pas - Não mentindo

Alguns verbos terminados em -IR com seus respectivos particípios:

INFINITIVO	PART. PASSADO	TRADUÇÃO
couvrir	couvert	cobrir
devenir	devenu	tornar-se
dormir	dormi	dormir
falloir	fallu	ser preciso
mourir	mort	morrer
offrir	offert	oferecer
ouvrir	ouvert	abrir

INFINITIVO	PART. PASSADO	TRADUÇÃO
partir	parti	partir, ir embora
sentir	senti	sentir, cheirar
servir	servi	servir
sortir	sorti	sair
tenir	tenu	segurar
venir	venu	vir

• VERBOS QUE TERMINAM EM -OIR :

• VOIR (ver)

Indicatif/Indicativo

Présent/Presente
Forme Affirmative/Forma Afirmativa

Je voi-*s* - Vejo, estou vendo
Tu voi-*s*
Il/Elle voi-*t*
Nous voy-*ons*
Vous voy-*ez*
Ils/Elles voi-*ent*

Présent/Presente
Forme Négative/Forma Negativa

Je ne voi-*s* pas - Não vejo, não estou vendo
Tu ne voi-*s* pas
Il/Elle ne voi-*t* pas
Nous ne voy-*ons* pas
Vous ne voy-*ez* pas
Ils/Elles ne voi-*ent* pas

Imparfait/Pretérito Imperfeito
Forme Affirmative/Forma Afirmativa

Je voy-*ais* - Via, estava vendo
Tu voy-*ais*
Il/Elle voy-*ait*
Nous voy-*ions*
Vous voy-*iez*
Ils/Elles voy-a*ient*

Imparfait/Pretérito Imperfeito
Forme Négative/Forma Negativa

Je ne voy-*ais* pas - Não via, não estava vendo
Tu ne voy-*ais* pas
Il/Elle ne voy-*ait* pas
Nous ne voy-*ions* pas
Vous ne voy-*iez* pas
Ils/Elles ne voy-*aient* pas

Passé Simple/Pretérito Perfeito Simples
Forme Affirmative/Forma Afirmativa

Je vis - Vi
Tu vis
Il/Elle vit
Nous vîmes
Vous vîtes
Ils/Elles virent

Passé Simple/Pretérito Perfeito Simples
Forme Négative/Forma Negativa

Je ne vis pas - Não vi
Tu ne vis pas
Il/Elle ne vit pas
Nous ne vîmes pas
Vous ne vîtes pas
Ils/Elles ne virent pas

Futur Simple/Futuro do Presente
Forme Affirmative/Forma Afirmativa

Je verr-*ai*- Verei
Tu verr-*as*
Il/Elle verr-*a*
Nous verr-*ons*
Vous verr-*ez*
Ils/Elles verr-*ont*

Futur Simple/Futuro do Presente
Forme Négative/Forma Negativa

Je ne verr-*ai* pas - Não verei
Tu ne verr-*as* pas
Il/Elle ne verr-*a* pas
Nous ne verr-*ons* pas
Vous ne verr-*ez* pas
Ils/Elles ne verr-*ont* pas

Passé Composé/Pretérito Perfeito Composto
Forme Affirmative/Forma Afirmativa

J'ai vu - Vi, tenho visto
Tu as vu
Il/Elle a vu
Nous avons vu
Vous avez vu
Ils/Elles ont vu

Passé Composé/Pretérito Perfeito Composto
Forme Négative/Forma Negativa

Je n'ai pas vu - Não vi, não tenho visto
Tu n'as pas vu
Il/Elle n'a pas vu
Nous n'avons pas vu
Vous n'avez pas vu
Ils/Elles n'ont pas vu

Plus-que-parfait/Pretérito Mais-que-perfeito
Forme Affirmative/Forma Afirmativa

J'avais vu - Vira, tinha visto
Tu avais vu
Il/Elle avait vu
Nous avions vu
Vous aviez vu
Ils/Elles avaient vu

**Plus-que-parfait/Pretérito Mais-que-perfeito Simples ou
Composto
Forme Négative/Forma Negativa**

Je n'avais pas vu - Não vira, não tinha visto
Tu n'avais pas vu
Il/Elle n'avait pas vu
Nous n'avions pas vu
Vous n'aviez pas vu
Ils/Elles n'avaient pas vu

**Passé Antérieur/
Forme Affirmative/Forma Afirmativa**

J'eus vu
Tu eus vu
Il/Elle eut vu
Nous eûmes vu
Vous eûtes vu
Ils/Elles eurent vu

**Passé Antérieur/
Forme Négative/Forma Negativa**

Je n'eus pas vu
Tu n'eus pas vu
Il/Elle n'eut pas vu
Nous n'eûmes pas vu
Vous n'eûtes pas vu
Ils/Elles n'eurent pas vu

Futur Antérieur/Futuro do Presente Composto
Forme Affirmative/Forma Afirmativa

J'aurai vu - Terei visto
Tu auras vu
Il/Elle aura vu
Nous aurons vu
Vous aurez vu
Ils/Elles auront vu

Futur Antérieur/Futuro do Presente Composto
Forme Négative/Forma Negativa

Je n'aurai pas vu - Não terei visto
Tu n'auras pas vu
Il/Elle n'aura pas vu
Nous n'aurons pas vu
Vous n'aurez pas vu
Ils/Elles n'auront pas vu

Conditionnel

Présent/Futuro do Pretérito Simples do Indicativo
Forme Affirmative/Forma Afirmativa

Je verr-*ais* - Veria
Tu verr-*ais*
Il/Elle verr-*ait*
Nous verr-*ions*
Vous verr-*iez*
Ils/Elles verr-*aient*

Présent/Futuro do Pretérito Simples do Indicativo
Forme Négative/Forma Negativa

Je ne verr-*ais* pas - Não veria
Tu ne verr-*ais* pas
Il/Elle ne verr-*ait* pas
Nous ne verr-*ions* pas
Vous ne verr-*iez* pas
Ils/Elles ne verr-*aient* pas

Passé 1ère Forme/Futuro do Pretérito Composto do Indicativo
Forme Affirmative/Forma Afirmativa

J'aurais vu - Teria visto
Tu aurais vu
Il/Elle aurait vu
Nous aurions vu
Vous auriez vu
Ils/Elles auraient vu

Passé 1ère Forme/Futuro do Pretérito Composto do Indicativo
Forme Négative/Forma Negativa

Je n'aurais pas vu - Não teria visto
Tu n'aurais pas vu
Il/Elle n'aurait pas vu
Nous n'aurions pas vu
Vous n'auriez pas vu
Ils/Elles n'auraient pas vu

Passé 2ème Forme/
Forme Affirmative/Forma Afirmativa

J'eusse vu
Tu eusses vu
Il/Elle eût vu
Nous eussions vu
Vous eussiez vu
Ils/Elles eussent vu

Passé 2ème Forme/
Forme Négative/Forma Negativa

Je n'eusse pas vu
Tu n'eusses pas vu
Il/Elle n'eût pas vu
Nous n'eussions pas vu
Vous n'eussiez pas vu
Ils/Elles n'eussent pas vu

Subjonctif/Subjuntivo

Présent/Presente
Forme Affirmative/Forma Afirmativa

que je voi-*e* - Veja
que tu voi-*es*
qu'il/elle voi-*e*
que nous voy-*ions*
que vous voy-*iez*
qu'ils/elles voi-*ent*

Présent/Presente
Forme Négative/Forma Negativa

que je ne voi-*e* pas - Não veja
que tu ne voi-*es* pas
qu'il/elle ne voi-*e* pas
que nous ne voy-*ions* pas
que vous ne voy-*iez* pas
qu'ils/elles ne voi-*ent* pas

Imparfait/Pretérito Imperfeito
Forme Affirmative/Forma Afirmativa

que je v-*isse* - Visse
que tu v-*isses*
qu'il/elle v-*ît*
que nous v-*issions*
que vous v-*issiez*
qu'ils/elles v-*issent*

Imparfait/Pretérito Imperfeito
Forme Négative/Forma Negativa

que je ne v-*isse* pas - Não visse
que tu ne v-*isses* pas
qu'il/elle ne v-*ît* pas
que nous ne v-*issions* pas
que vous ne v-*issiez* pas
qu'ils/elles ne v-*issent* pas

Passé/Pretérito Perfeito
Forme Affirmative/Forma Afirmativa

que j'aie vu - Tenha visto
que tu aies vu
qu'il/elle ait vu
que nous ayons vu
que vous ayez vu
qu'ils/elles aient vu

Passé/Pretérito Perfeito
Forme Négative/Forma Negativa

que je n'aie pas vu - Não tenha visto
que tu n'aies pas vu
qu'il/elle n'ait pas vu
que nous n'ayons pas vu
que vous n'ayez pas vu
qu'ils/elles n'aient pas vu

Plus-que-parfait/Pretérito Mais-que-perfeito
Forme Affirmative/Forma Afirmativa

que j'eusse vu - Tivesse visto
que tu eusses vu
qu'il/elle eût vu
que nous eussions vu
que vous eussiez vu
qu'ils/elles eussent vu

Plus-que-parfait/Pretérito Mais-que-perfeito
Forme Négative/Forma Negativa

que je n'eusse pas vu - Não tivesse visto
que tu n'eusses pas vu
qu'il/elle n'eût pas vu
que nous n'eussions pas vu
que vous n'eussiez pas vu
qu'ils/elles n'eussent pas vu

Impératif/Imperativo

Présent/
Forme Affirmative/Forma Afirmativa

vois - Vê
voy-*ons*
voy-*ez*

Présent/
Forme Négative/Forma Negativa

ne vois pas - Não vejas
ne voy-*ons* pas
ne voy-*ez* pas

Passé/
Forme Affirmative/Forma Afirmativa

aie vu
ayons vu
ayez vu

Passé/
Forme Négative/Forma Negativa

n'aie pas vu
n'ayons pas vu
n'ayez pas vu

Participe/Particípio

Présent/Presente
Forme Affirmative/Forma Afirmativa

voy-*ant* - Vendo

Présent/Presente
Forme Négative/Forma Negativa

ne voy-*ant* pas - Não vendo

Passé/Passado
Forme Affirmative/Forma Afirmativa

vu, vu*e* - Visto, vista
ayant vu - Tendo visto

Passé/Passado
Forme Négative/Forma Negativa

vu, vu*e* - Visto, vista
n' ayant pas vu - Não tendo visto

Infinitif/Infinitivo

Présent/Presente
Forme Affirmative/Forma Afirmativa

voir - Ver

Présent/Presente
Forme Négative/Forma Negativa

ne pas *voir* - Não ver

Passé/Passado
Forme Affirmative/Forma Afirmativa

avoir vu - Ter visto

Passé/Passado
Forme Négative/Forma Negativa

ne pas avoir vu - Não ter visto

Gérondif/Gerúndio

Forme Affirmative/Forma Afirmativa:

en voyant - Vendo

Forme Négative/Forma Negativa:

en ne voyant pas - Não vendo

Alguns verbos terminados em -OIR com seus respectivos particípios:

INFINITIVO	PART. PASSADO	TRADUÇÃO
devoir	dû	dever
falloir	fallu	ser preciso
pleuvoir	plu	chover
pouvoir	pu	poder
recevoir	reçu	receber
savoir	su	saber
voir	vu	ver
vouloir	voulu	querer

• VERBOS QUE TERMINAM EM -RE :

• RENDRE (devolver)

Indicatif/Indicativo

Présent/Presente
Forme Affirmative/Forma Afirmativa

Je rend-*s* - Devolvo, estou devolvendo
Tu rend-*s*
Il/Elle rend
Nous rend-*ons*
Vous rend-*ez*
Ils/Elles rend-*ent*

Présent/Presente
Forme Négative/Forma Negativa

Je ne rend-*s* pas - Não devolvo, não estou devolvendo
Tu ne rend-*s* pas
Il/Elle ne rend pas
Nous ne rend-*ons* pas
Vous ne rend-*ez* pas
Ils/Elles ne rend-*ent* pas

Imparfait/Pretérito Imperfeito
Forme Affirmative/Forma Afirmativa

Je rend-*ais* - Devolvia, estava devolvendo
Tu rend-*ais*
Il/Elle rend-*ait*
Nous rend-*ions*
Vous rend-*iez*
Ils/Elles rend-a*ient*

Imparfait/Pretérito Imperfeito
Forme Négative/Forma Negativa

Je ne rend-*ais* pas - Não devolvia, não estava devolvendo
Tu ne rend-*ais* pas
Il/Elle ne rend-*ait* pas
Nous ne rend-*ions* pas
Vous ne rend-*iez* pas
Ils/Elles ne rend-*aient* pas

Passé Simple/Pretérito Perfeito Simples
Forme Affirmative/Forma Afirmativa

Je rend-*is* - Devolvi
Tu rend-*is*
Il/Elle rend-*it*
Nous rend-*îmes*
Vous rend-*îtes*
Ils/Elles rend-*irent*

Passé Simple/Pretérito Perfeito Simples
Forme Négative/Forma Negativa
Je ne rend-*is* pas - Não devolvi
Tu ne rend-*is* pas
Il/Elle ne rend-*it* pas
Nous rend-*îmes* pas
Vous rend-*îtes* pas
Ils/Elles rend-*irent* pas

Futur Simple/Futuro do Presente
Forme Affirmative/Forma Afirmativa

Je rendr-*ai* - Devolverei
Tu rendr-*as*
Il/Elle rendr-*a*
Nous rendr-*ons*
Vous rendr-*ez*
Ils/Elles rendr-*ont*

Futur Simple/Futuro do Presente
Forme Négative/Forma Negativa

Je ne rendr-*ai* pas - Não devolverei
Tu ne rendr-*as* pas
Il/Elle ne rendr-*as* pas
Nous ne rendr-*ons* pas
Vous ne rendr-*ez* pas
Ils/Elles ne rendr-*ont* pas

Passé Composé/Pretérito Perfeito Composto
Forme Affirmative/Forma Afirmativa

J'ai rendu - Devolvi, tenho devolvido
Tu as rendu
Il/Elle a rendu
Nous avons rendu
Vous avez rendu
Ils/Elles ont rendu

Passé Composé/Pretérito Perfeito Composto
Forme Négative/Forma Negativa

Je n'ai pas rendu - Não devolvi, não tenho devolvido
Tu n'as pas rendu
Il/Elle n'a pas rendu
Nous n'avons pas rendu
Vous n'avez pas rendu
Ils/Elles n'ont pas rendu

Plus-que-parfait/Pretérito Mais-que-perfeito
Forme Affirmative/Forma Afirmativa

J'avais rendu - Devolvera, tinha devolvido
Tu avais rendu
Il/Elle avait rendu
Nous avions rendu
Vous aviez rendu
Ils/Elles avaient rendu

Plus-que-parfait/Pretérito Mais-que-perfeito
Forme Négative/Forma Negativa

Je n'avais pas rendu - Não devolvera, não tinha devolvido
Tu n'avais pas rendu
Il/Elle n'avait pas rendu
Nous n'avions pas rendu
Vous n'aviez pas rendu
Ils/Elles n'avaient pas rendu

Passé Antérieur/
Forme Affirmative/Forma Afirmativa

J'eus rendu
Tu eus rendu
Il/Elle eut rendu
Nous eûmes rendu
Vous eûtes rendu
Ils/Elles eurent rendu

Passé Antérieur/
Forme Négative/Forma Negativa

Je n'eus pas rendu
Tu n'eus pas rendu
Il/Elle n'eut pas rendu
Nous n'eûmes pas rendu
Vous n'eûtes pas rendu
Ils/Elles n'eurent pas rendu

Futur Antérieur/Futuro do Presente Composto
Forme Affirmative/Forma Afirmativa

J'aurai rendu - Terei devolvido
Tu auras rendu
Il/Elle aura rendu
Nous aurons rendu
Vous aurez rendu
Ils/Elles auront rendu

Futur Antérieur/Futuro do Presente Composto
Forme Négative/Forma Negativa

Je n'aurai pas rendu - Não terei devolvido
Tu n'auras pas rendu
Il/Elle n'aura pas rendu
Nous n'aurons pas rendu
Vous n'aurez pas rendu
Ils/Elles n'auront pas rendu

Conditionnel

**Présent/Futuro do Pretérito Simples do Indicativo
Forme Affirmative/Forma Afirmativa**

Je rendr-*ais* - Devolveria
Tu rendr-*ais*
Il/Elle rendr-*ait*
Nous rendr-*ions*
Vous rendr-*iez*
Ils/Elles rendr-*aient*

**Présent/Futuro do Pretérito Simples do Indicativo
Forme Négative/Forma Negativa**

Je ne rendr-*ais* pas - Não devolveria
Tu ne rendr-*ais* pas
Il/Elle ne rendr-*ait* pas
Nous ne rendr-*ions* pas
Vous ne rendr-*iez* pas
Ils/Elles ne rendr-*aient* pas

**Passé 1ère Forme/Futuro do Pretérito Composto do
Indicativo
Forme Affirmative/Forma Afirmativa**

J'aurais rendu - Teria devolvido
Tu aurais rendu
Il/Elle aurait rendu
Nous aurions rendu
Vous auriez rendu
Ils/Elles auraient rendu

Passé 1ère Forme/Futuro do Pretérito Composto do Indicativo
Forme Négative/Forma Negativa

Je n'aurais pas rendu - Não teria devolvido
Tu n'aurais pas rendu
Il/Elle n'aurait pas rendu
Nous n'aurions pas rendu
Vous n'auriez pas rendu
Ils/Elles n'auraient pas rendu

Passé 2ème Forme/
Forme Affirmative/Forma Afirmativa

J'eusse rendu
Tu eusses rendu
Il/Elle eût rendu
Nous eussions rendu
Vous eussiez rendu
Ils/Elles eussent rendu

Passé 2ème Forme/
Forme Négative/Forma Negativa

Je n'eusse pas rendu
Tu n'eusses pas rendu
Il/Elle n'eût pas rendu
Nous n'eussions pas rendu
Vous n'eussiez pas rendu
Ils/Elles n'eussent pas rendu

Subjonctif/Subjuntivo

Présent/Presente
Forme Affirmative/Forma Afirmativa

que je rend-*e* - Devolva
que tu rend-*es*
qu'il/elle rend-*e*
que nous rend-*ions*
que vous rend-*iez*
qu'ils/elles rend-*ent*

Présent/Presente
Forme Négative/Forma Negativa

que je ne rend-*e* pas - Não devolva
que tu ne rend-*es* pas
qu'il/elle ne rend-*e* pas
que nous ne rend-*ions* pas
que vous ne rend-*iez* pas
qu'ils/elles ne rend-*ent* pas

Imparfait/Pretérito Imperfeito
Forme Affirmative/Forma Afirmativa

que je rend-*isse* - Devolvesse
que tu rend-*isses*
qu'il/elle rend-*ît*
que nous rend-*issions*
que vous rend-*issiez*
qu'ils/elles rend-*issent*

Imparfait/Pretérito Imperfeito
Forme Négative/Forma Negativa

que je ne rend-*isse* pas - Não devolvesse
que tu ne rend-*isses* pas
qu'il/elle ne rend-*ît* pas
que nous ne rend-*issions* pas
que vous ne rend-*issiez* pas
qu'ils/elles ne rend-*issent* pas

Passé/Pretérito Perfeito
Forme Affirmative/Forma Afirmativa

que j'aie rendu - Tenha devolvido
que tu aies rendu
qu'il/elle ait rendu
que nous ayons rendu
que vous ayez rendu
qu'ils/elles aient rendu

Passé/Pretérito Perfeito
Forme Négative/Forma Negativa

que je n'aie pas rendu - Não tenha devolvido
que tu n'aies pas rendu
qu'il/elle n'ait pas rendu
que nous n'ayons pas rendu
que vous n'ayez pas rendu
qu'ils/elles n'aient pas rendu

Plus-que-parfait/Pretérito Mais-que-perfeito
Forme Affirmative/Forma Afirmativa

que j'eusse rendu - Tivesse devolvido
que tu eusses rendu
qu'il/elle eût rendu
que nous eussions rendu
que vous eussiez rendu
qu'ils/elles eussent rendu

Plus-que-parfait/Pretérito Mais-que-perfeito
Forme Négative/Forma Negativa

que je n'eusse pas rendu - Não tivesse devolvido
que tu n'eusses pas rendu
qu'il/elle n'eût pas rendu
que nous n'eussions pas rendu
que vous n'eussiez pas rendu
qu'ils/elles n'eussent pas rendu

Impératif/Imperativo

Présent/
Forme Affirmative/Forma Afirmativa

rend-*s* - Devolve
rend-*ons*
rend-*ez*

Présent/
Forme Négative/Forma Negativa

ne rend-*s* pas - Não devolvas
ne rend-*ons* pas
ne rend-*ez* pas

Passé/
Forme Affirmative/Forma Afirmativa

aie rendu
ayons rendu
ayez rendu

Passé/
Forme Négative/Forma Negativa

n'aie pas rendu
n'ayons pas rendu
n'ayez pas rendu

Participe/Particípio

Présent/Presente
Forme Affirmative/Forma Afirmativa

rend-*ant*- Devolvendo

Présent/Presente
Forme Négative/Forma Negativa

ne rend-*ant* pas - Não devolvendo

Passé/Passado
Forme Affirmative/Forma Afirmativa

rendu, rendu*e* - Devolvido, devolvida
ayant rendu - Tendo devolvido

Passé/Passado
Forme Négative/Forma Negativa

rendu, rendu*e* - Não devolvido, não devolvida
n' ayant pas rendu - Não tendo devolvido

Infinitif/Infinitivo

Présent/Presente
Forme Affirmative/Forma Afirmativa

rend*re* - Devolver

Présent/Presente
Forme Négative/Forma Negativa

ne pas rend*re*- Não devolver

Passé/Passado
Forme Affirmative/Forma Afirmativa

avoir rendu - Ter devolvido

Passé/Passado
Forme Négative/Forma Negativa

ne pas avoir rendu - Não ter devolvido

Gérondif/Gerúndio

Forme Affirmative/Forma Afirmativa:

en rendant - Devolvendo

Forme Négative/Forma Negativa:

en ne rendant pas - Não devolvendo

Alguns verbos terminados por -RE com seus respectivos particípios:

INFINITIVO	PART. PASSADO	TRADUÇÃO
attendre	attendu	esperar
battre	battu	bater
boire	bu	beber
conduire	conduit	conduzir, dirigir
connaître	connu	conhecer
croire	cru	crer, acreditar
descendre	descendu	descer
dire	dit	dizer
écrire	écrit	escrever
entendre	entendu	ouvir
éteindre	éteint	apagar, desligar
faire	fait	fazer
lire	lu	ler
mettre	mis	pôr, colocar
naître	né	nascer
peindre	peint	pintar

INFINITIVO	PART. PASSADO	TRADUÇÃO
perdre	perdu	perder
plaire	plu	agradar
prendre	pris	pegar, tomar
rendre	rendu	devolver
répondre	répondu	responder
rire	ri	rir
suivre	suivi	seguir, acompanhar
vivre	vécu	viver

• **ALLER (ir)**
Indicatif/Indicativo

Présent/Presente
Forme Affirmative/Forma Afirmativa

Je vais - Vou, estou indo
Tu vas
Il/Elle va
Nous allons
Vous allez
Ils/Elles vont

Présent/Presente
Forme Négative/Forma Negativa

Je ne vais pas - Não vou, não estou indo
Tu ne vas pas
Il/Elle ne va pas
Nous n'allons pas
Vous n'allez pas
Ils/Elles ne vont pas

Imparfait/Pretérito Imperfeito
Forme Affirmative/Forma Afirmativa

J'allais - Ia, estava indo
Tu allais
Il/Elle allait
Nous allions
Vous alliez
Ils/Elles allaient

Imparfait/Pretérito Imperfeito
Forme Négative/Forma Negativa

Je n'allais pas - Não ia, não estava indo
Tu n'allais pas
Il/Elle n'allait pas
Nous n'allions pas
Vous n'alliez pas
Ils/Elles n'allaient pas

Passé Simple/Pretérito Perfeito Simples
Forme Affirmative/Forma Afirmativa

J'allai - Fui
Tu allas
Il/Elle alla
Nous allâmes
Vous allâtes
Ils/Elles allèrent

Passé Simple/Pretérito Perfeito Simples
Forme Négative/Forma Negativa

Je n'allai pas - Não fui
Tu n'allas pas
Il/Elle n'alla pas
Nous n'allâmes pas
Vous n'allâtes pas
Ils/Elles n'allèrent pas

Futur Simple/Futuro do Presente
Forme Affirmative/Forma Afirmativa

J'irai - Irei
Tu iras
Il/Elle ira
Nous irons
Vous irez
Ils/Elles iront

Futur Simple/Futuro do Presente
Forme Négative/Forma Negativa

Je n'irai pas - Não irei
Tu n'iras pas
Il/Elle n'ira pas
Nous n'irons pas
Vous n'irez pas
Ils/Elles n'iront pas

Passé Composé/Pretérito Perfeito Composto
Forme Affirmative/Forma Afirmativa

Je suis allé/e - Fui, tenho ido
Tu es allé/e
Il est allé/Elle est allée
Nous sommes allés/allées
Vous êtes allé/allée/allés/allées
Ils sont allés/Elles sont allées

Passé Composé/Pretérito Perfeito Composto
Forme Négative/Forma Negativa

Je ne suis pas allé/e - Não fui, não tenho ido
Tu n'es pas allé/e
Il n'est pas allé/Elle n'est pas allée
Nous ne sommes pas allés/allées
Vous n'êtes pas allé/allée/allés/allées
Ils ne sont pas allés/Elles ne sont pas allées

Plus-que-parfait/Pretérito Mais-que-perfeito
Forme Affirmative/Forma Afirmativa

J'étais allé/e - Fora, tinha ido
Tu étais allé/e
Il était allé/Elle était allée
Nous étions allés/allées
Vous étiez allé/allée/allés/allées
Ils étaient allés/Elles étaient allées

Plus-que-parfait/Pretérito Mais-que-perfeito
Forme Négative/Forma Negativa

Je n'étais pas allé/e - Não fora, não tinha ido
Tu n'étais pas allé/e
Il n'était pas allé/Elle n'était pas allée
Nous n'étions pas allés/allées
Vous n'étiez pas allé/allée/allés/allées
Ils n'étaient pas allés/Elles n'étaient pas allées

Passé Antérieur/
Forme Affirmative/Forma Afirmativa

Je fus allé/e
Tu fus allé/e
Il fut allé/Elle fut allée
Nous fûmes allés/allées
Vous fûtes allé/allée/allés/allées
Ils furent allés/Elles furent allées

Passé Antérieur/
Forme Négative/Forma Negativa

Je ne fus pas allé/e
Tu ne fus pas allé/e
Il ne fut pas allé/Elle ne fut pas allée
Nous ne fûmes pas allés/allées
Vous ne fûtes pas allé/allée/allés/allées
Ils ne furent pas allés/Elles ne furent pas allées

Futur Antérieur/Futuro do Presente Composto
Forme Affirmative/Forma Afirmativa

Je serai allé/allée - Terei ido
Tu seras allé/allée
Il sera allé/Elle sera allée
Nous serons allés/allées
Vous serez allé/allée/allés/allées
Ils seront allés/Elles seront allées

Futur Antérieur/Futuro do Presente Composto
Forme Négative/Forma Negativa

Je ne serai pas allé/allée - Não terei ido
Tu ne seras pas allé/allée
Il ne sera pas allé/Elle ne sera pas allée
Nous ne serons pas allés/allées
Vous ne serez pas allé/allée/allés/allées
Ils ne seront pas allés/Elles ne seront pas allées

Conditionnel

Présent/Futuro do Pretérito Simples do Indicativo
Forme Affirmative/Forma Afirmativa

J'irais - Iria
Tu irais
Il/Elle irait
Nous irions
Vous iriez
Ils/Elles iraient

Présent/Futuro do Pretérito Simples do Indicativo
Forme Négative/Forma Negativa

Je n'irais pas - Não iria
Tu n'irais pas
Il/Elle n'irait pas
Nous n'irions pas
Vous n'iriez pas
Ils/Elles n'iraient pas

Passé 1ère Forme/Futuro do Pretérito Composto do Indicativo
Forme Affirmative/Forma Afirmativa

Je serais allé/allée - Teria ido
Tu serais allé/allée
Il serait allé/Elle serait allée
Nous serions allés/allées
Vous seriez allé/allée/allés/allées
Ils seraient allés/Elles seraient allées

Passé 1ère Forme/Futuro do Pretérito Composto do Indicativo
Forme Négative/Forma Negativa

Je ne serais pas allé/allée - Não teria ido
Tu ne serais pas allé/allée
Il ne serait pas allé/Elle ne serait pas allée
Nous ne serions pas allés/allées
Vous ne seriez pas allé/allée/allés/allées
Ils ne seraient pas allés/Elles ne seraient pas allées

Passé 2ème Forme/
Forme Affirmative/Forma Afirmativa

Je fusse allé/e
Tu fusses allé/e
Il fût allé/Elle fût allée
Nous fussions allés/allées
Vous fussiez allé/allée/allés/allées
Ils fussent allés/Elles fussent allées

Passé 2ème Forme/
Forme Négative/Forma Negativa

Je ne fusse pas allé/e
Tu ne fusses pas allé/e
Il ne fût pas allé/Elle ne fût pas allée
Nous ne fussions pas allés/allées
Vous ne fussiez pas allé/allée/allés/allées
Ils ne fussent pas allés/Elles fussent allées

Subjonctif/Subjuntivo

Présent/Presente
Forme Affirmative/Forma Afirmativa

que j'aille - Vá
que tu ailles
qu'il/elle aille
que nous allions
que vous alliez
qu'ils/elles aillent

Présent/Presente
Forme Négative/Forma Negativa

que je n'aille pas - Que eu não vá
que tu n'ailles pas
qu'il/elle n'aille pas
que nous n'allions pas
que vous n'alliez pas
qu'ils/elles n'aillent pas

Imparfait/Pretérito Imperfeito
Forme Affirmative/Forma Afirmativa

que j'allasse - Se eu fosse
que tu allasses
qu'il/elle allât
que nous allassions
que vous allassiez
qu'ils/elles allassent

Imparfait/Pretérito Imperfeito
Forme Négative/Forma Negativa

que je n'allasse pas - Se eu não fosse
que tu n'allasses pas
qu'il/elle n'allât pas
que nous n'allassions pas
que vous n'allassiez pas
qu'ils/elles n'allassent pas

Passé/Pretérito Perfeito
Forme Affirmative/Forma Afirmativa

que je sois allé - Tenha ido
que tu sois allé
qu'il soit allé/qu'elle soit allée
que nous soyons allés/allées
que vous soyez allé/allée/allés/allées
qu'ils soient allés/qu'elles soient allées

Passé/Pretérito Perfeito
Forme Négative/Forma Negativa

que je ne sois pas allé - Não tenha ido
que tu ne sois pas allé
qu'il ne soit pas allé/qu'elle ne soit pas allée
que nous ne soyons pas allés/allées
que vous ne soyez pas allé/allée/allés/allées
qu'ils ne soient pas allés/qu'elles ne soient pas allées

Plus-que-parfait/Pretérito Mais-que-perfeito
Forme Affirmative/Forma Afirmativa

que je fusse allé/e - Tivesse ido
que tu fusses allé/e
qu'il fût allé/qu'elle fût allée
que nous fussions allés/allées
que vous fussiez allé/allée/allés/allées
qu'ils fussent allés/qu'elles fussent allées

Plus-que-parfait/Pretérito Mais-que-perfeito
Forme Négative/Forma Negativa

que je ne fusse pas allé/e - Não tivesse ido
que tu ne fusses pas allé/e
que'il ne fût pas allé/qu'elle ne fût pas allée
que nous ne fussions pas allés/allées
que vous ne fussiez pas allé/allée/allés/allées
qu'ils ne fussent pas allés/qu'elles ne fussent pas allées

Impératif/Imperativo

Présent/
Forme Affirmative/Forma Afirmativa

va - Vai
allons
allez

Présent/
Forme Négative/Forma Negativa

ne va pas - Não vás
n'allons pas
n'allez pas

Passé/
Forme Affirmative/Forma Afirmativa

sois allé
soyons allés
soyez allés

Passé/
Forme Négative/Forma Negativa

ne sois pas allé
ne soyons pas allés
ne soyez pas allés

Participe/Particípio

Présent/Presente
Forme Affirmative/Forma Afirmativa

allant - Indo

Présent/Presente
Forme Négative/Forma Negativa

n'allant pas - Não indo

Passé/Passado
Forme Affirmative/Forma Afirmativa

allé, allée - Ido, ida
étant allé - Tendo ido

Passé/Passado
Forme Négative/Forma Negativa

n' étant pas allé - Não tendo ido

Infinitif/Infinitivo

Présent/Presente
Forme Affirmative/Forma Afirmativa

aller - Ir

Présent/Presente
Forme Négative/Forma Negativa

ne pas aller - Não ir

Passé/Passado
Forme Affirmative/Forma Afirmativa

être allé - Ter ido

Passé/Passado
Forme Négative/Forma Negativa

ne pas être allé - Não ter ido

Gérondif/Gerúndio

Forme Affirmative/Forma Afirmativa:

en allant - Indo

Forme Négative/Forma Negativa:

en ne pas allant - Não indo

4.5. Verbes Pronominaux (Verbos Pronominais)

Assim como em português, existem em francês verbos pronominais (*verbes pronominaux*), isto é, que utilizam os pronomes *me, te, se, nous, vous* e *se* para a sua conjugação:

> *Les enfants **se** sont bien amusés hier soir.*
> As crianças divertiram-**se** bastante ontem à noite.

Nem sempre um verbo pronominal numa língua corresponde a um verbo pronominal na outra:

> *s'arrêter* (pronominal) = parar (não - pronominal)
> *devenir* (não - pronominal) = tornar-**se** (pronominal)

> *Les employés **se sont arretés** de travailler à midi pile.*
> Os empregados **pararam** de trabalhar ao meio-dia em ponto.

> *Jacques Cousteau **est devenu** célèbre partout dans le monde.*
> Jacques Cousteau **tornou-se** célebre no mundo todo.

• S'AMUSER (divertir-se)

Indicatif/Indicativo

Présent/Presente
Forme Affirmative/Forma Afirmativa

Je m'amuse - Eu me divirto, estou me divertindo
Tu t'amuses
Il/Elle s'amuse
Nous nous amusons
Vous vous amusez
Ils/Elles s'amusent

Présent/Presente
Forme Négative/Forma Negativa

Je ne m'amuse pas - Eu não me divirto, não estou me divertindo
Tu ne t'amuses pas
Il/Elle ne s'amuse pas
Nous ne nous amusons pas
Ils/Elles ne s'amusent pas

Imparfait/Pretérito Imperfeito
Forme Affirmative/Forma Afirmativa

Je m'amusais - Divertia-me, estava me divertindo
Tu t'amusais
Il/Elle s'amusait
Nous nous amusions
Vous vous amusiez
Ils/Elles s'amusaient

Imparfait/Pretérito Imperfeito
Forme Négative/Forma Negativa

Je ne m'amusais pas - Não me divertia, não estava me divertindo
Tu ne t'amusais pas
Il/Elle ne s'amusait pas
Nous ne nous amusions pas
Vous ne vous amusiez pas
Ils/Elles ne s'amusaient pas

**Passé Simple/Pretérito Perfeito Simples
Forme Affirmative/Forma Afirmativa**

Je m'amusai - Diverti-me
Tu t'amusas
Il/Elle s'amusa
Nous nous amusâmes
Vous vous amusâtes
Ils/Elles s'amusèrent

**Passé Simple/Pretérito Perfeito Simples
Forme Négative/Forma Negativa**

Je ne m'amusai pas - Não me diverti
Tu ne t'amusas pas
Il/Elle ne s'amusa pas
Nous ne nous amusâmes pas
Vous ne vous amusâtes pas
Ils/Elles ne s'amusèrent pas

**Futur Simple/Futuro do Presente
Forme Affirmative/Forma Afirmativa**

Je m'amuserai - Divertir-me-ei
Tu t'amuseras
Il/Elle s'amusera
Nous nous amuserons
Vous vous amuserez
Ils/Elles s'amuseront

Futur Simple/Futuro do Presente
Forme Négative/Forma Negativa

Je ne m'amuserai pas - Não me divertirei
Tu ne t'amuseras pas
Il/Elle ne s'amusera pas
Nous ne nous amuserons pas
Vous ne vous amuserez pas
Ils/Elles ne s'amuseront pas

Passé Composé/Pretérito Perfeito Composto
Forme Affirmative/Forma Afirmativa

Je me suis amusé/e - Diverti-me, tenho me divertido
Tu t'es amusé/e
Il s'est amusé/Elle s'est amusée
Nous nous sommes amusés/amusées
Vous vous êtes amusé/amusée/amusés/amusées
Ils se sont amusés/Elles se sont amusées

Passé Composé/Pretérito Perfeito Composto
Forme Négative/Forma Negativa

Je ne me suis pas amusé/e - Não me diverti, não tenho me divertido
Tu ne t'es pas amusé/e
Il ne s'est pas amusé/Elle ne s'est pas amusée
Nous ne nous sommes pas amusés/amusés
Vous ne vous êtes pas amusé/amusée/amusés/amusées
Ils ne se sont pas amusés/Elles ne se sont pas amusées

Plus-que-parfait/Pretérito Mais-que-perfeito
Forme Affirmative/Forma Afirmativa

Je m'étais amusé/e - Eu me divertira, tinha me divertido
Tu t'étais amusé/e
Il s'était amusé/Elle s'était amusée
Nous nous étions amusés/amusées
Vous vous étiez amusé/amusée/amusés/amusées
Ils s'étaient amusés/Elles s'étaient amusées

Plus-que-parfait/Pretérito Mais-que-perfeito
Forme Négative/Forma Negativa

Je ne m'étais pas amusé/e - Não me divertira, não tinha me
divertido
Tu ne t'étais pas amusé/e
Il ne s'était pas amusé/Elle ne s'était pas amusée
Nous ne nous étions pas amusés/amusées
Vous ne vous étiez pas amusé/amusée/amusés/amusées
Ils ne s'étaient pas amusés/Elles ne s'étaient pas amusées

Passé Antérieur/
Forme Affirmative/Forma Afirmativa
Je me fus amusé/e
Tu te fus amusé/e
Il se fut amusé/Elle se fut amusée
Nous nous fûmes amusés/amusées
Vous vous fûtes amusé/amusée/amusés/amusées
Ils se furent amusés/Elles se furent amusées

Passé Antérieur/
Forme Négative/Forma Negativa

Je ne me fus pas amusé/e
Tu ne te fus pas amusé/e
Il ne se fut pas amusé/Elle ne se fut pas amusée
Nous ne nous fûmes pas amusés/amusées
Vous ne vous fûtes pas amusé/amusée/amusés/amusées
Ils ne se furent pas amusés/Elles ne se furent pas amusées

Futur Antérieur/Futuro do Presente Composto
Forme Affirmative/Forma Afirmativa

Je me serai amusé/amusée - Ter-me-ei divertido
Tu te seras amusé/amusée
Il se sera amusé/Elle se sera amusée
Nous nous serons amusés/amusées
Vous vous serez amusé/amusée/amusés/amusées
Ils se seront amusés/Elles se seront amusées

Futur Antérieur/Futuro do Presente Composto
Forme Négative/Forma Negativa

Je ne me serai pas amusé/amusée - Não me terei divertido
Tu ne te seras pas amusé/amusée
Il ne se sera pas amusé/Elle ne se sera pas amusée
Nous ne nous serons pas amusés/amusées
Vous ne vous serez pas amusé/amusée/amusés/amusées
Ils ne se seront pas amusés/Elles ne se seront pas amusées

Conditionnel

Présent/Futuro do Pretérito Simples do Indicativo
Forme Affirmative/Forma Afirmativa

Je m'amuserais - Divertir-me-ia
Tu t'amuserais
Il/Elle s'amuserait
Nous nous amuserions
Vous vous amuseriez
Ils/Elles s'amuseraient

Présent/Futuro do Pretérito Simples do Indicativo
Forme Négative/Forma Negativa

Je ne m'amuserais pas - Não me divertiria
Tu ne t'amuserais pas
Il/Elle ne s'amuserait pas
Nous ne nous amuserions pas
Vous ne vous amuseriez pas
Ils/Elles ne s'amuseraient pas

Passé 1ère Forme/Futuro do Pretérito Composto do Indicativo
Forme Affirmative/Forma Afirmativa

Je me serais amusé/amusée - Teria me divertido
Tu te serais amusé/amusée
Il se serait amusé/Elle se serait amusée
Nous nous serions amusés/amusées
Vous vous seriez amusé/amusée/amusés/amusées
Ils se seraient amusés/Elles se seraient amusées

Passé 1ère Forme/Futuro do Pretérito Composto do Indicativo
Forme Négative/Forma Negativa

Je ne me serais pas amusé/amusée - Não teria me divertido
Tu ne te serais pas amusé/amusée
Il ne se serait pas amusé/Elle ne se serait pas amusée
Nous ne nous serions pas amusés/amusées
Vous ne vous seriez pas amusé/amusée/amusés/amusées
Ils ne se seraient pas amusés/Elles ne se seraient pas amusées

Passé 2ème Forme/
Forme Affirmative/Forma Afirmativa

Je me fusse amusé/e
Tu te fusses amusé/e
Il se fût amusé/Elle se fût amusée
Nous nous fussions amusés/amusées
Vous vous fussiez amusé/amusée/amusés/amusées
Ils se fussent amusés/Elles se fussent amusées

Passé 2ème Forme/
Forme Négative/Forma Negativa

Je ne me fusse pas amusé/e
Tu ne te fusses pas amusé/e
Il ne se fût pas amusé/Elle ne se fût pas amusée
Nous ne nous fussions pas amusés/amusées
Vous ne vous fussiez pas amusé/amusée/amusés/amusées
Ils ne se fussent pas amusés/Elles ne se fussent pas amusées

Subjonctif/Subjuntivo

Présent/Presente
Forme Affirmative/Forma Afirmativa

que je m'amuse - que eu me divirta
que tu t'amuses
qu'il/elle s'amuse
que nous nous amusions
que vous vous amusiez
qu'ils/elles s'amusent

Présent/Presente
Forme Négative/Forma Negativa

que je ne m'amuse pas - que eu não me divirta
que tu ne t'amuses pas
qu'il/elle ne s'amuse pas
que nous ne nous amusions pas
que vous ne vous amusiez pas
qu'ils/elles ne s'amusent pas

Imparfait/Pretérito Imperfeito
Forme Affirmative/Forma Afirmativa

que je m'amusasse - que eu me divertisse
que tu t'amusasses
qu'il/elle s'amusât
que nous nous amusassions
que vous vous amusassiez
qu'ils/elles s'amusassent

Imparfait/Pretérito Imperfeito
Forme Négative/Forma Negativa

que je ne m'amusasse pas - que eu não me divertisse
que tu ne t'amusasses pas
qu'il/elle ne s'amusât pas
que nous ne nous amusassions pas
que vous ne vous amusassiez pas
qu'ils/elles ne s'amusassent pas

Passé/Passado
Forme Affirmative/Forma Afirmativa

que je me sois amusé - Tenha me divertido
que tu te sois amusé
qu'il se soit amusé/qu'elle se soit amusée
que nous nous soyons amusés/amusées
que vous vous soyez amusé/amusée/amusés/amusées
qu'ils se soient amusés/qu'elles se soient amusées

Passé/Passado
Forme Négative/Forma Negativa

que je ne me sois pas amusé - Não tenha me divertido
que tu ne te sois pas amusé
qu'il ne se soit pas amusé/qu'elle ne se soit pas amusée
que nous ne nous soyons pas amusés/amusées
que vous ne vous soyez pas amusé/amusée/amusés/amusées
qu'ils ne se soient pas amusés/qu'elles ne se soient pas amusées

Plus-que-parfait/Pretérito Mais-que-perfeito
Forme Affirmative/Forma Afirmativa

que je me fusse amusé/e - Tivesse me divertido
que tu te fusses alusé/e
qu'il se fût amusé/qu'elle se fût amusée
que nous nous fussions amusés/amusées
que vous vous fussiez amusé/amusée/amusés/amusées
qu'ils se fussent amusés/qu'elles se fussent amusées

Plus-que-parfait/Pretérito Mais-que-perfeito
Forme Négative/Forma Negativa

que je ne me fusse pas amusé/e - Não tivesse me divertido
que tu ne te fusses pas amusé/e
qu'il ne se fût pas amusé/qu'elle ne se fût pas amusée
que nous ne nous fussions pas amusés/amusées
que vous ne vous fussiez pas amusé/amusée/amusés/amusées
qu'ils ne se fussent pas amusés/qu'elles ne se fussent pas
amusées

Impératif/Imperativo

Présent/
Forme Affirmative/Forma Afirmativa

amuse-toi - Diverte-te
amusons-nous
amusez-vous

Présent/
Forme Négative/Forma Negativa

ne t'amuse pas - Não te divirtas
ne nous amusons pas
ne vous amusez pas

Passé/
Forme Affirmative/Forma Afirmativa

sois-toi amusé
soyons-nous amusés
soyez-vous amusés

Passé/
Forme Négative/Forma Negativa

ne te sois pas amusé
ne nous soyons pas amusés
ne vous soyez pas amusés

Participe/Particípio

Présent/Presente
Forme Affirmative/Forma Afirmativa

s'amusant - Divertindo-se

Présent/Presente
Forme Négative/Forma Negativa

ne s'amusant pas - Não se divertindo

Passé/Passado
Forme Affirmative/Forma Afirmativa

amusé, amusée - Divertido, divertida
s'étant amusé - Tendo se divertido

Passé/Passado
Forme Négative/Forma Negativa

amusé, amusée - Divertido, divertida
ne s'étant pas amusé - Não tendo se divertdio

Infinitif/Infinitivo

Présent/Presente
Forme Affirmative/Forma Afirmativa

s'amuser - Divertir-se

Présent/Presente
Forme Négative/Forma Negativa

ne pas s'amuser - Não se divertir

Passé/Passado
Forme Affirmative/Forma Afirmativa

s'être amusé - Ter se divertido

Passé/Passado
Forme Négative/Forma Negativa

ne pas s'être amusé - Não ter se divertido

Gérondif/Gerúndio

Forme Affirmative/Forma Afirmativa:

en s'amusant - Divertindo-se

Forme Négative/Forma Negativa:

en ne s'amusant pas - Não se divertindo

ALGUNS VERBOS PRONOMINAIS EM FRANCÊS

INFINITIVO	TRADUÇÃO
s'amuser	divertir-se
s'appeler	chamar-se
s'arrêter	parar
s'asseoir	sentar-se
s'embrasser	abraçar-se, beijar-se
s'endormir	adormecer
s'ennuyer	aborrecer-se
s'habiller	vestir-se
se baigner	banhar-se
se blesser	ferir-se
se coiffer	pentear-se
se coucher	deitar-se
se couper	cortar-se
se dépêcher	apressar-se
se laver	lavar-se

INFINITIVO	TRADUÇÃO
se lever	levantar-se
se marier	casar-se
se mettre	colocar-se
se peigner	pentear-se
se perdre	perder-se
se préparer	preparar-se
se présenter	apresentar-se
se promener	passear
se regarder	olhar-se
se rencontrer	encontrar-se
se reposer	descansar ou descansar-se
se revoir	rever-se

4.6. Verbes Défectifs (Verbos Defectivos)

Os verbos defectivos são os que não possuem mais alguns modos, tempos ou até mesmo algumas pessoas. O verbo *déchoir* (decair, declinar), por exemplo, é um verbo defectivo. Ele não possui o tempo Imperfeito do modo Indicativo nem o modo Imperativo.

Outros exemplos:

absoudre (absolver): não possui nem o Passé Simple nem o Imperfeito do Subjuntivo;

s'ensuivre (seguir-se): só é utilizado no Infinitivo e nas terceiras pessoas de cada tempo;

gésir (jazer): só é utilizado no Presente e no Imperfeito do Indicativo e no Gerúndio:

Ci-gît - Aqui jaz.

4.7. Verbes Impersonnels (Verbos Impessoais)

Os verbos impessoais são aqueles que:

a) possuem um sujeito aparente, da terceira pessoa do singular: *il*, partícula que não contém nenhum significado neste caso;

b) são empregados apenas na terceira pessoa do singular;

c) não possuem o modo Impératif (Imperativo).

Subdividem-se em:

• Verbos essencialmente impessoais: são os verbos que só podem ser conjugados na forma impessoal, isto é, na terceira pessoa do singular:

> *bruiner: il bruine* (chuviscar, garoar);
> *brumasser: il brumasse* (fazer um pequeno nevoeiro) ;
> *crachiner: il crachine* (chuviscar) ;
> *exister: il existe* (existir, haver);
> *falloir*[1]*: il faut* (ser preciso, ser necessário);
> *fraîchir: il fraîchit* (refrescar, esfriar);
> *grêler: il grêle* (cair granizo) ;
> *grésiller* (crepitar, estalar);
> *neiger*[2]*: il neige* (nevar, estar nevando);
> *plaire : il plaît (*agradar);
> *pleuvoir : il pleut* (chover);
> *venter: il vente* (ventar, estar ventando);

---

[1] Ver conjugação completa a seguir.
[2] Ver conjugação completa a seguir.

• Verbos acidentalmente impessoais em algumas construções:

arriver:
>*Il lui est arrivé un malheur*
>**Aconteceu**-lhe uma desgraça.

avoir:
>*Il y a des gens méchants.*
>**Há** pessoas maldosas.

être:
>*Il est des circonstances où...*
>**Há** circunstâncias em que...

venir:
>*Il viendra beaucoup de monde.*
>**Virá** muita gente.

convenir:
>*Il convient de dire la vérité.*
>**Convém** dizer a verdade.

sembler:
>*Il semble utile de la prévenir.*
>**Parece** útil preveni-la.

• locuções verbais:

être nécessaire: *il est nécessaire* (é necessário)

faire [...]:
>*il fait chaud* (está quente; está fazendo calor);
>*il fait froid* (está fazendo frio);
>*il fait doux* (a temperatura está agradável);
>*il fait beau* (o tempo está bom);
>*il fait mauvais* (o tempo está ruim);

il fait jour (é dia);
il fait nuit (é noite);
il fait du vent (está ventando).

• NEIGER (nevar)

Indicatif/Indicativo

Présent (Presente):
   Il neige - neva ou está nevando
Imparfait (Pretérito Imperfeito):
   Il neigeait - nevava ou estava nevando
Passé Simple (Pretérito Perfeito Simples):
   Il neigea - nevou
Futur Simple (Futuro do Presente):
   Il neigera - nevará
Passé Composé (Pretérito Perfeito Composto):
   Il a neigé - nevou
Plus-que-parfait (Pretérito Mais-que-perfeito):
   Il avait neigé - tinha nevado
Passé Antérieur: Il eut neigé -
Futur Antérieur (Futuro do Presente Composto):
   Il aura neigé - terá nevado

Conditionnel

Présent (Futuro do Pretérito Simples do Indicativo):
   Il neigerait - nevaria
Passé 1ère Forme (Futuro do Pretérito Composto do Indicativo):
   Il aurait neigé - teria nevado
Passé 2ème Forme: Il eût neigé

Subjonctif/Subjuntivo

Présent (Presente):
>*qu'il neige* - que neve

Imparfait (Pretérito Imperfeito):
>*qu'il neigeât* - nevasse

Passé (Pretérito Perfeito):
>*qu'il ait neigé*

Plus-que-parfait (Pretérito Mais-que-perfeito):
>*qu'il eût neigé*

Infinitif/Infinitivo

Présent (Presente):
>*neiger* - nevar

Passé (Passado):
>*avoir neigé* - ter nevado

Participe/Particípio

Présent (Presente):
>*neigeant* - nevando

Passé (Passado):
>*neigé, ayant neigé* - nevado, tendo nevado

Gérondif/Gerúndio

Forme Affirmative/Forma Afirmativa:
>*en neigeant* - nevando

Forme Négative/Forma Negativa:
>*en ne neigeant pas* - não nevando

• FALLOIR (ser preciso, ser necessário)

Indicatif/Indicativo

Présent (Presente):
 Il faut - é preciso

Imparfait (Pretérito Imperfeito):
 Il fallait - era preciso

Passé Simple (Pretérito Perfeito Simples):
 Il fallut - foi preciso

Futur Simple (Futuro do Presente):
 Il faudra - será preciso

Passé Composé (Pretérito Prefeito Composto):
 Il a fallu - foi preciso

Plus-que-parfait (Pretérito Mais-que-perfeito):
 Il avait fallu - tinha sido preciso

Passé Antérieur:
 Il eut fallu

Futur Antérieur (Futuro do Presente Composto):
 Il aura fallu - terá sido preciso

Conditionnel

Présent (Futuro do Pretérito Simples do Indicativo):
 Il faudrait - seria preciso

Passé 1ère Forme (Futuro do Pretérito Composto do Indicativo):
Il aurait fallu - teria sido preciso

Passé 2ème Forme: *Il eût fallu*

Subjonctif/Subjuntivo

Présent (Presente):
> *qu'il faille* - que seja preciso

Imparfait (Pretérito Imperfeito):
> *qu'il fallût* - fosse preciso

Passé (Pretérito Perfeito):
> *qu'il ait fallu*

Plus-que-parfait (Pretérito Mais-que-perfeito):
> *qu'il eût fallu*

Infinitif/Infinitivo

Présent (Presente):
> *falloir* - ser preciso

Passé (Passado):
> *avoir fallu* - ter sido preciso

Participe/Particípio

Passé (Passado):
> *fallu* - sido preciso

5. *Voix du Verbe (Vozes do Verbo)*

Denomina-se vozes do verbo as formas que ele toma para expressar o papel do sujeito na ação, o sentido do desenrolar da ação.

A **voz ativa** indica que o sujeito faz, realiza a ação: esta é considerada a partir do agente que a realiza.

A **voz passiva** indica que o sujeito sofre a ação: esta é considerada a partir do ser ou do objeto que a experimenta.

A voz passiva é feita com um verbo transitivo que tenha um complemento de objeto direto: o complemento de objeto direto do verbo torna-se o sujeito do verbo passivo e o sujeito do verbo ativo torna-se o complemento agente do verbo passivo. Utiliza-se o verbo *être* como auxiliar. O particípio passado concorda em gênero e número com o sujeito do verbo. O complemento é introduzido pela preposição *par*:

> *L'agent interroge les témoins de l'accident.*
> O policial interroga as testemunhas do acidente.

> *Les témoins de l'accident **sont interrogés par** l'agent.*
> As testemunhas do acidente **são interrogadas pelo** policial.

> *L'orage tordait les arbres.*
> A tempestade vergava as árvores.

> *Les arbres **étaient tordus par** l'orage.*
> As árvores **eram vergadas pela** tempestade.

MAS quando o sujeito do verbo for o pronome *on*, este desaparece na frase passiva, que a partir desse momento não possui mais complemento de agente.

voz ativa: ***On** obéira les ordres.*
> Obedecer-se-á às ordens.

voz passiva: *Les ordres **seront obéis**.*
> As ordens serão obedecidas.

• Não se pode fazer a voz passiva com verbos intransitivos.

MAS:

a) os verbos *obéir* (obedecer), *désobéir* (desobedecer) e *pardonner* (perdoar, desculpar) são exceções.

b) alguns verbos intransitivos podem ter uma voz passiva impessoal:

> *Il en sera parlé.*
> Falar-se-á disto, ou este assunto será discutido.

• Não se pode colocar os verbos pronominais na voz passiva.

MAS certos verbos podem ser empregados na forma pronominal com o sentido passivo:

> *Les fruits se vendent cher.*
> As frutas são (vendidas) caras.

• Não se pode colocar os verbos transitivos indiretos na voz passiva.

5.1. Conjugação passiva: Verbe Être aimé (ser amado)

Indicatif/Indicativo

Présent (Presente):
> *Je suis aimé/aimée* - sou amado, amada

Imparfait (Pretérito Imperfeito):
> *J'étais aimé/aimée* - era amado, amada

Passé Simple (Pretérito Perfeito Simples):
  Je fus aimé/aimée - fui amado, amada

Futur Simple (Futuro do Presente):
  Je serai aimé/aimée - serei amado, amada

Passé Composé (Pretérito Perfeito Composto):
  J'ai été aimé/aimée -fui amado, amada

Plus-que-parfait (Pretérito Mais-que-perfeito):
  J'avais été aimé/aimée - fora amado, amada

Passé Antérieur:
  J'eus été aimé/aimée

Futur antérieur (Futuro do Presente Composto):
  J'aurai été aimé/aimée - terei sido amado, amada

Conditionnel

Présent (Futuro do Pretérito Simples do Indicativo):
  Je serais aimé/aimée - seria amado, amada

Passé 1ère Forme (Futuro do Pretérito Composto do Indicativo):
J'aurais été aimé/aimée - teria sido amado, amada

Passé 2ème Forme:
  J'eusse été aimé/aimée - tivesse sido amado, amada

Subjonctif/Subjuntivo

Présent (Presente):
  Que je sois aimé/aimée - seja amado, amada

Imparfait (Pretérito Imperfeito):
  Que je fusse aimé/aimée - fosse amado, amada

Passé (Pretérito Perfeito):
  Que j'aie été aimé/aimée - tenha sido amado, amada

Plus-que-parfait (Pretérito Mais-que-perfeito):
      Que j'eusse été aimé/aimée - tivesse sido amado,
amada

Impératif/Imperativo

Présent: *Sois aimé/aimée* - Sê amado, amada
      Soyons aimés/aimées
      Soyez aimés/aimées

Infinitif/Infinitivo

Présent (Presente):
      Être aimé/aimée - ser amado, amada

Passé (Passado):
      Avoir été aimé/aimée - ter sido amado, amada

Futur (Futuro):
      Devant être aimé - raro

Participe/Particípio

Présent (Presente):
      Étant aimé/aimée - sendo amado, amada

Passé (Passado):
      Aimé/aimée - amado, amada
      Ayant été aimé/aimée - tendo sido amado, amada

XIV - LES MOTS INVARIABLES
(AS PALAVRAS INVARIÁVEIS)

1. L'adverbe (O Advérbio)

Advérbios são termos invariáveis, simples ou compostos, que funcionam como modificadores do verbo, do adjetivo ou de um outro advérbio[1].

Os advérbios são classificados de acordo com as circunstâncias que expressam. Assim, há vários tipos de advérbios em francês:

1.1. Adverbes de manière (Advérbios de modo)

• advérbios terminados por **-ment**:

a) Para se formar os advérbios de modo terminados por **-ment**, acrescenta-se esse sufixo ao adjetivo feminino:

adjetivo	advérbio	tradução
affreux, affreuse	*affreusement*	assustadoramente
audacieux, audacieuse	*audacieusement*	audaciosamente
actif, active	*activement*	ativamente
certain, certaine	*certainement*	certamente
doux, douce	*doucement*	calmamente, suavemente

---

[1] Ver no Capítulo XIV, 3, alguns advérbios que desempenham o papel de conjunções.

adjetivo	advérbio	tradução
entier, entière	*entièrement*	inteiramente
grand, grande	*grandement*	grandemente
heureux, heureuse	*heureusement*	felizmente
joyeux, joyeuse	*joyeusement*	alegremente
long, longue	*longuement*	longamente
mortel, mortelle	*mortellement*	mortalmente
sec, sèche	*sèchement*	secamente

MAS:

adjetivo	advérbio	tradução
gai	*gaiement ou gaîment*	alegremente

b) O *e* mudo final de alguns adjetivos transformam-se em *é*:

adjetivo	advérbio	tradução
aveugle	*aveugl**é**ment*	cegamente
commode	*commod**é**ment*	comodamente
énorme	*énorm**é**ment*	enormemente

c) A vogal *u* final de alguns adjetivos recebe um acento circunflexo:

adjetivo	advérbio	tradução
assidu	*assid**û**ment*	assíduamente
nu	*n**û**ment*	cruamente

d) Alguns adjetivos terminados em *-es, -is, -ond, -un, -ur* trocam o *e* final do feminino por *é*:

adjetivo	advérbio	tradução
commun, commune	*communément*	comumente
exprès, expresse	*expressément*	expressamente
obscur, obscure	*obscurément*	obscuramente
précis, précise	*précisément*	precisamente
profond, profonde	*profondément*	profundamente

e) Os adjetivos terminados em *-ant* e *-ent* formam o advérbio em *-amment* e *- emment*:

adjetivo	advérbio	tradução
apparent, apparente	*apparemment*	aparentemente
brillant, brillante	*brillamment*	brilhantemente
constant, constante	*constamment*	constantemente
élégant, élégante	*élégamment*	elegantemente
éloquent, éloquente	*éloquemment*	eloqüentemente
fréquent, fréquente	*fréquemment*	freqüentemente
insolent, insolente	*insolemment*	insolentemente
méchant, méchante	*méchamment*	de forma ruim
prudent, prudente	*prudemment*	prudentemente
puissant, puissante	*puissamment*	poderosamente
récent, récente	*récemment*	recentemente
savant, savante	*savamment*	sabiamente
suffisant, suffisante	*suffisamment*	suficientemente

MAS não seguem esta regra:

adjetivo	advérbio	tradução
lent, lente	*lentement*	lentamente
présent, présente	*présentement*	atualmente
véhément, véhémente	*véhémentement*	veementemente

•• de *gentil, gentille*, faz-se o advérbio *gentiment* (gentilmente).

g) Alguns advérbios em **-ment** formam-se a partir de substantivos:

substantivo	advérbio	tradução
bête	*bêtement*	bobamente
sacrilège	*sacrilégement*	sacrilegamente

autrement = de outra forma, de outra maneira
autrement dit = em outras palavras

• advérbios de modo não terminados por *-ment*:
  ainsi (assim)
  bien (bem)
  comme (como)
  debout (em pé)
  ensemble (juntamente)
  environ (cerca de, aproximadamente)
  mal (mal)
  peut-être (talvez)
  pis (pior)
  plutôt (mais, antes, de preferência)
  vite (rapidamente)
  volontiers (de bom grado)

*Un paquet **mal** fait.*
Um pacote **mal** feito.

*Jeanine viendra, **peut-être**.*
Jeanine virá, **talvez**.

***Bien** conclure.*
Concluir **bem**.

*Vous avez **bien** fait.*
Você fez **bem**.

*Tu veux **bien**?*
Você quer? (ou você quer **mesmo**?)

Tant pis.
Tanto pior.

• Há advérbios de modo que mudam de sentido quando mudam de lugar na oração:

*Paule a **simplement** raconté une histoire.*
Paule **só** fez isso: contou uma história
(ou: Paule fez **simplesmente** isso: contou uma história).

*Paule a raconté **simplement** une histoire.*
Paule contou **apenas** uma história (uma só).

*Paule a raconté une histoire **simplement**.*
Paule contou uma estória **simplesmente** (de forma simples).

• Alguns adjetivos são, por vezes, usados como advérbios:

*Emma chante **faux**.*
Emma canta **desafinado**.

*Marie France adore se parfumer, c'est pour ça qu'elle
sent **bon***.
Marie France adora passar perfume; é por isso que ela é
cheirosa.

*Ce qu'Emile parle **fort**!*
Como Emile fala **alto**!

1.2. Adverbes de lieu (Advérbios de lugar)

Os advérbios de lugar têm o sentido de um *complément circonstanciel de lieu* (adjunto adverbial de lugar), ou seja, expressam
uma idéia de lugar.

> *à droite* (à direita)
> *à gauche* (à esquerda)
> *ailleurs* (alhures, em outro lugar)
> *autour* (em torno, ao redor)
> *ci-contre* (ao lado)
> *ci-joint* (junto, em anexo)
> *dedans* (dentro)
> *dehors* (fora)
> *devant (diante de)*
> *derrière* (atrás)
> *dessous* (abaixo)
> *ci-dessous* (aqui em embaixo)
> *dessus* (acima)
> *ci-dessus* (aqui em cima)
> *devant* (diante de)
> *en* (daí, de lá)[1]

---

[1] Ver Capítulo V.

en bas (embaixo)
en haut (em cima)
ici (aqui)
là (lá, aí)
là-bas (lá, lá longe)
loin (longe)
nulle part (em nenhum lugar)[2]
où (onde)
partout (em toda a parte, em todo lugar)
près (perto)
proche (próximo, próxima)
quelque part (em algum lugar)
y (lá, aí)[3]

*Pour arriver à la bibliothèque, tournez **à droite**.*
Para chegar à biblioteca, vire **à direita**.

*Martine habite près **d'ici**.*
Martine mora perto **daqui**.

*Il y a du bruit **dehors**.*
Tem barulho **fora** (ou: **lá fora**).

*Les livres sont **derrière** l'armoire.*
Os livros estão **atrás** do armário.

1.3. Adverbes de temps (Advérbios de tempo)

Os advérbios de tempo são os que têm o sentido de um *complément circonstanciel de temps* (adjunto adverbial de tempo), ou seja, expressam em geral uma idéia de tempo.

---

[2] Consultar a forma negativa.
[3] Ver Capítulo V.

alors (então)
après (depois)
après-demain (depois de amanhã)
aujourd'hui (hoje)
auparavant (antes)
aussitôt (logo)
autrefois (outrora)
avant (antes)
avant-hier (anteontem)
bientôt (logo)
déjà (já)
demain (amanhã)
depuis (desde, há)
désormais (doravante, daqui para a frente)
dorénavant (doravante)
de suite (logo, rápido)
encore (ainda)
enfin (enfim)
ensuite (em seguida)
entretemps (nesse meio tempo)
hier (ontem)
jadis (outrora)
jamais (nunca, jamais)
longtemps (muito tempo)
lors (então)
maintenant (agora)
naguère (outrora)
parfois (às vezes)
puis (depois)
quelquefois (às vezes)
soudain (de repente)
souvent (freqüentemente)
tantôt ... tantôt (ora ... ora)

tard (tarde)
tôt (cedo)
toujours (sempre)
tout à l'heure (daqui a pouco)
de temps en temps (às vezes)

*Régis arrive **aujourd'hui**.*
Régis chega **hoje**.

*Renan est arrivé **hier**.*
Renan chegou **ontem**.

*Guillaume rentre **toujours** à 19 heures.*
Guillaume volta para casa **sempre** às 19 horas.

*Marie pleure **souvent**.*
Marie chora **com freqüência**.

1.4. Adverbes de quantité et d'intensité (Advérbios de quantidade e de intensidade)

Os advérbios de quantidade e de intensidade são os que imprimem ao enunciado uma idéia de quantidade e intensidade.

• Os principais advérbios de quantidade e de intensidade em francês são:

assez (bastante)
aussi (também)
autant (tanto)
beaucoup (muito)
bien (bem, muito)
combien (quanto)
davantage (mais)
encore (ainda)

fort (muito)
guère (pouco)
moins (menos)
pas mal (bastante, muito)
peu (pouco)
plus (mais)
presque (quase)
si (tão)
tant (tanto)
tellement (de tal modo, tão, tanto)
tout (todo)
très (muito)
trop (demais)

*Edouard était **tellement** fatigué qu'il a décidé de ne plus venir.*
Edouard estava **tão** cansado que decidiu não vir mais.

*Marc a **tant** bu qu'il ne pouvait plus se tenir debout.*
Marc bebeu **tanto** que não podia mais se agüentar em pé.

• Existem cinco palavras em francês que se traduzem por MUITO

PALAVRA	USADA DIANTE DE	EXEMPLO	TRADUÇÃO
beaucoup	um verbo	*Il travaille **beaucoup**. Dominique a **beaucoup** travaillé dernièrement.*	Ele trabalha **muito**. Dominique trabalhou **muito** ultimamente
	um substantivo (neste caso, seguido pela palavra **de** invariável)	*Il a **beaucoup** d'amis.*	Ele tem **muitos** amigos.

PALAVRA	USADA DIANTE DE	EXEMPLO	TRADUÇÃO
très	um advérbio	*Très bien.*	**Muito** bem.
	um adjetivo	*Robert est très courageux.*	Robert é **muito** corajoso.
	expressões (avoir faim, soif, sommeil, peur, chaud, frois)	*J'ai très chaud chez toi. Nous avons toujours très froid en hiver en Europe.*	Eu sinto **muito** calor na sua casa. Sempre temos **muito** frio no inverno na Europa
trop	um substantivo (neste caso, seguido pela palavra **de** invariável)	*Il y a trop de voitures dans le parking. Jean-Yves a trop de problèmes.*	Tem **muitos** carros no estacionamento. Jean-Yves tem **muitos** problemas. (ou: Jean-Yves tem problemas **demais**).
bien	um substantivo	***Bien** des gens se promènent ici le dimanche.*	**Muitas** pessoas passeiam aqui aos domingos.
fort	um advérbio	*Cette entreprise a fait **fort** peu de bénéfices cette année.*	Esta empresa teve **muito** poucos lucros este ano.
	um adjetivo	*Nicole est **fort** discrète.*	Nicole é **muito** discreta.

Plus ou *davantage*?

Tanto *plus* como *davantage* podem ser traduzidos por **mais** em português. Em geral a palavra *plus* com o sentido de **mais** é empregada com *que* ou *de*, numa comparação, enquanto *davantage* se emprega num sentido absoluto:

*Cet homme est **plus** sympathique que son ami.*
Este homem é **mais** simpático que seu amigo.

*Etudiez **davantage**, et vous réussirez.*
Estude **mais** e você conseguirá terá sucesso.
Ou: Estudem **mais** e vocês terão sucesso.

• expressões usuais com o advérbio *tout*:

tout à fait = completamente
tout à coup = de repente
tout à l'heure = daqui a pouco, há pouco tempo
tout au moins = pelo menos
tout d'abord = em primeiro lugar, primeiramente
tout droit = adiante, sempre em frente
tout de même = ainda assim, assim mesmo
tout de suite = logo

*Je reviendrai te chercher **tout à l'heure**.*
Eu voltarei para te buscar **daqui a pouco**.

*Pour arriver à l'université il suffit de suivre cette rue
tout droit.*
Para chegar à universidade, basta seguir esta rua sempre
em frente.

tout seguido por verbo no gerúndio => indica simultaneidade

*Martine a fait le contrôle à la fac **tout en bavardant**.*
Martine fez a prova na faculdade conversando.

1.5. Adverbes d'affirmation et de doute (Advérbios de afirmação e de dúvida)

Os advérbios de afirmação e de dúvida são palavras invariáveis usadas para introduzir uma idéia de afirmação ou de dúvida.

• OUI/SI

Oui e *si* são advérbios de afirmação utilizados para se responder **afirmativamente** a uma pergunta. *Oui* é usado para se responder a uma pergunta **afirmativa**:

> *Tu vas au supermarché?— Oui, j'y vais.*
> Você vai ao supermercado? — **Sim**, vou.

Si é usado para se responder **afirmativamente** a uma pergunta **negativa**:

> *Tu ne vas pas au supermarché? — Si, j'y vais.*
> Você **não** vai ao supermercado? — Vou, vou **sim**.

• outros advérbios de afirmação ou dúvida:

> *peut-être* (talvez)
> *assurément* (seguramente)
> *certes* (certamente)

1.6. Adverbes d'interrogation (Advérbios de interrogação)

Os advérbios de interrogação são usados para introduzir perguntas:

> *quand* (quando)
> *d'où* (de onde)
> *comment* (como)

pourquoi (por que)
combien (quanto, quanta, quantos, quantas)

Quand *est-ce que Patricia viendra?*
Quando Patricia virá?

Comment *est-ce que Patricia viendra?*
Como Patricia virá?

D'où *est-ce que Patricia viendra?*
De onde Patricia virá?

Pourquoi *est-ce que Patricia viendra?*
Por que Patricia virá?

Combien de *temps Patricia prend pour arriver ici?*
Quanto tempo Patricia leva para chegar aqui?

1.7. Adverbes de négation (Advérbios de negação)

Os advérbios de negação são utilizados para expressar uma idéia de negação no enunciado.

Em francês existem dois advérbios de negação: ***non***, forma tônica, e ***ne***, forma átona.

• ***non***:

• ***Non*** é usado como resposta negativa a uma interrogação e em expressões acompanhadas de: *dire (affirmer, croire, penser, etc.) que* **non**.

> *Resterez-vous? — **Non** (ou: Non, je ne resterai pas).*
> Você ficará? — Não (ou: **Não**, eu não ficarei).

*Est-ce que Marianne restera? — **Non**, elle a dit que **non**.*
Será que Marianne ficará? — **Não**, ela disse que **não**.

• ***Non*** também entra na composição de substantivos e adjetivos, ligando-se aos primeiros por um hífen:

*C'est un traité de **non**-prolifération d'armes nucléaires.*
É um tratado de **não**-proliferação de armas nucleares.

*Morale **non**-conformiste.*
Moral não-conformista (individualista).

*Un peintre **non**-figuratif.*
Um pintor **não**-figurativo.

• Nesses casos, ***non*** pode ser reforçado pela partícula ***pas***:

*Les livres ont été faits **non pas** pour être rangés dans des étagères mais pour être lus.*
Os livros foram feitos **não** para serem guardados nas estantes mas para serem lidos.

• Pode-se encontrar também a partícula ***pas*** negando sozinha, sem estar acompanhada de ***ne***, substituindo ***non*** em frases elíticas:

Pas possible!
Não é possível!

*Il faut y aller, mais **pas** uniquement toi.*
É preciso ir lá, mas **não** apenas você.

*Pas maintenant, **pas** ici, **pas** ce soir, **pas** toi.*
Agora **não**, aqui **não**, esta noite **não**, você **não**.

• ***non***, acompanhado de ***plus***, em oração negativa ligada a outra oração negativa, significa **também**:

*Si vous restez avec Nicole, je resterai **aussi***.
Se você ficar com Nicole, eu ficarei **também**.

*Si vous **ne** restez **pas** avec Nicole, je **ne** resterai **pas non plus***.
Se você **não** ficar com Nicole, eu **também não** ficarei.

1.8. Locutions adverbiales (Locuções adverbiais)

As locuções adverbiais são grupos de palavras fixas que possuem uma função de advérbio.

à temps
em tempo

à peu près
aproximadamente

de temps en temps
de vez em quando

en silence
em silêncio

sur la pointe des pieds
na ponta dos pés

de bon appétit
com bastante apetite

au milieu de
no meio de, entre

à côté
perto, próximo(s) , próxima(s)

avec plaisir
com prazer

en face de ou *en face*
diante de, em frente

bien sûr!
é claro!

en vérité
na verdade

en effet
com efeito, de fato, efetivamente

sur le champ
rápido, sem tardar

de temps à autre ou *de temps en temps*
de vez em quando

à l'instant
já

par la suite
na seqüência

à jamais
para sempre

à présent
atualmente

d'ailleurs => aliás

    par ailleurs => paralelamente, por outro lado

*Il faut que je demande de l'aide à Nicolas. **D'ailleurs** il vient de me téléphoner.*
É preciso que eu peça ajuda a Nicolas. **Aliás**, ele acaba de me telefonar.

*Je n'aime pas cet argument; il me paraît **par ailleurs** incontestable.*
Eu não gosto deste argumento; **por outro lado**, ele me parece incontestável.

2. La Préposition *(A Preposição)*

A preposição é uma palavra invariável que acompanha um substantivo, um pronome, um adjetivo, um infinitivo ou um gerúndio ligando esses termos a outro, estabelecendo uma relação entre os dois:

> *Il est arrivé **après** moi.*
> Ele chegou **depois** de mim.

As preposições podem ser simples e compostas:

a) simples: formadas por uma só palavra:

> *à* (a)
> *après* (após)
> *avant* (antes)
> *avec* (com)
> *chez* (em casa de)
> *contre* (contra, ao lado, encostado)
> *dans* (em, dentro)
> *de* (de)
> *depuis* (desde, há)

derrière (atrás)
dès (desde)
devant (na frente)
en (em)
entre (entre dois)
envers (contra)
jusque (até)
malgré (apesar de)
outre (além de)
par (por)
parmi (entre vários)
pendant (durante)
pour (para, por)
près (por volta de, perto, cerca de)
sans (sem)
selon (segundo)
sous (sob)
sur (sobre)
vers (por volta de, em direção a)
voici (eis aqui, aqui está)
voilà (eis lá, ali está)

b) compostas, isto é, formadas por várias palavras, também chamadas **locuções prepositivas:**

à cause de (por causa de)
à côté de (ao lado de)
afin de (a fim de)
à force de (de tanto)
à l'aide de (com a ajuda de)
à l'insu de (sem o conhecimento de)
à travers (através de)
au cours de (ao longo de)

au-dessous de (abaixo de)
au-dessus de (acima de)
au moyen de (por meio de)
auprès de (junto a, perto)
d'après (segundo, de acordo com)
de façon à (de modo a)
en dépit de (embora, a despeito de)
face à (diante de)
faute de (na falta de)
grâce à (graças a)
jusqu'à (até)
loin de (longe de)
par rapport à (com relação a)
près de (perto de)
quant à (quanto a)
vis-à-vis de (em frente de, diante de)

• antigos particípios ou adjetivos:

concernant (concernente, dizendo respeito a)
durant (durante)
excepté (com exceção de, exceto)
plein (cheio)
suivant (seguinte)
supposé (suposto)
touchant (tocando)
vu (visto)

A preposição introduz:

• um complemento:

complemento do substantivo	*Paul est docteur en médecine.*	Paul é doutor em medicina
complemento do pronome	*Aucun de ses amis n'est venu.*	Nenhum de seus amigos veio.
complemento do adjetivo	*Ce médicament est mauvais au goût.*	Este remédio tem gosto ruim.
complemento do objeto direto	*Jérôme se souvenait de son enfance.*	Jérôme se lembrava de sua infância.
adjunto adverbial	*Raymond a été blessé à la tête.*	Raymond foi ferido na cabeça.

• palavras não-complementos:

sujeito real	*Il est nécessaire d'étudier.*	É necessário estudar.
atributo	*Je le tiens pour un homme honnête.*	Eu o considero um homem honesto.
epiteto	*Y a-t-il quelque chose de nouveau?*	Há algo de novo?

• Algumas preposições expressam apenas uma única relação, introduzindo uma única espécie de complemento:

•• *durant* (durante) - complemento de tempo:
> ***Durant toute sa vie***, Alphonse est resté très simple.
> Durante toda a sua vida Alphonse foi muito simples.

•• *parmi* (entre) - complemento de lugar:
> *Edouard cherche **parmi ses papiers**.*
> Edoaurd procurou entre seus papéis.

•Algumas preposições estabelecem várias relações:

•• *avec* (com):

complemento de acompanhamento	*Didier sort tous les jours **avec** son chien.*	Didier sai todos os dias **com** seu cachorro.
complemento de maneira	*J'avançais **avec** prudence.*	Eu avançava **com** prudência.
complemento de meio	*Les voleurs ouvrirent la porte **avec** un passe-partout.*	Os ladrões abriram a porta **com** uma chave-mestra.
complemento de tempo	*Pilou se lève **avec** le jour.*	Pilou se levanta **com** o dia.

•• *dans*:

complemento de lugar	*Il est **dans** sa chambre.*	Ele está **em** seu quarto.
complemento de tempo	*Ils viendront **dans** trois jours.*	Eles virão **dentro de** três dias.
complemento de maneira	*Tu es **dans** l'embarras.*	Você está **em** dificuldades.

• Outras, ainda, estabelecem relações múltiplas e possuem papéis muito variados:

•• *par*:

complemento de lugar	*Nous sommes passés en voiture **par la Suisse**.*	Passamos de carro **pela** Suíça.
complemento de tempo	*Pierrette se baigne **par tous les temps**.*	Pierrette nada **com** qualquer tempo.
complemento de meio	*Nous sommes allés en Angleterre **par avion**.*	Fomos à Inglaterra **de** avião.
complemento de causa	*Maggie agit toujours **par intérêt**.*	Maggie age sempre **por** interesse.
complemento de maneira	*Vous avez commencé **par la fin**.*	Você começou **pelo** final.
complemento de agente	*Son neveu a été nommé **par le ministre**.*	O sobrinho dele foi nomeado **pelo** ministro.

•• *de*

complemento de lugar	*Nous arrivons de Marseille.*	Chegamos **de** Marseille.
complemento de tempo	*Notre patron travaille de deux heures à six heures.*	Nosso chefe trabalha das duas às seis horas.
complemento de causa	*Le mendiant meurt de faim.*	O mendigo está morrendo **de** fome.
complemento de maneira	*Le conférencier cite tous ses textes de mémoire*	O conferencista cita todos os seus textos **de** memória.
complemento de meio	*Mon ami me fit signe de la main.*	Meu amigo me acenou **com** a mão.
complemento de substantivo (finalidade)	*C'est une belle salle de spectacles.*	É uma bela casa **de** espetáculos.
complemento de objeto indireto	*J'use de mon droit.*	Faço uso **de** meus direitos.

•• *à*

complemento de lugar	*Nous allons à Rome.*	Vamos **a** Roma.
complemento de tempo	*Nous déjeunerons à midi.*	Almoçaremos **ao** meio-dia.
complemento de finalidade	*Gaston tend à la perfection.*	Gaston tende **à** perfeição.
complemento de meio	*Je pêche à la ligne.*	Pesco **com** vara.
complemento de maneira	*Tu te portes à merveille.*	Você está **em** plena forma.
complemento de preço	*Ces places sont à moitié prix.*	Estes lugares custam metade do preço.
complemento de objeto indireto	*Olivier a assisté indifférent à ma réussite.*	Olivier assistiu indiferente **ao** meu sucesso.

• Em geral as preposições repetem-se diante de cada complemento, mas esse uso não é rigoroso:

> *Sylvain me reçut **avec** amabilité et même **avec** une certaine satisfaction.*
> Sylvain me recebeu com amabilidade e até mesmo com uma certa satisfação.

> *Sylvain me reçut **avec** amabilité et même une certaine satisfaction*
> Sylvain me recebeu com amabilidade e até mesmo certa satisfação.

OBSERVAÇÃO

As preposições *à*, *de* e *en* não se repetem:

- em locuções fixas:

  En mon âme et conscience.
  Em minha alma e consciência.

- em uma sucessão de sinônimos:

  Je m'adresse au collègue et ami.
  Dirijo-me ao colega e amigo.

- quando os adjetivos numerais são coordenados por *ou*:

  La tour s'élève à trois cents ou trois cent dix mètres.
  A torre se eleva a trezentos ou trezentos e dez metros.

- nas enumerações cujo conjunto forma um grupo:

  La pièce est en cinq actes et dix tableaux.
  A peça é em cinco atos e dez quadros.

A expressão *au fur et à mesure* pode ser classificada como:

- locução conjuntiva:

  On s'est aperçu des problèmes au fur et à mesure que l'on avançait.
  Percebemos os problemas à medida que avançávamos.

• locução adverbial:

> *Consultez ces dépliants et passez-les moi **au fur et à mesure** que vous les aurez lus.*
> Consulte estes prospectos e passe-os para mim **à medida que** os tiver lido.

• locução preposicional:

> *Nous t'appelerons **au fur et à mesure** de nos besoins.*
> Nós o chamaremos **à medida que** tivermos necessidade.

SENTIDO	CONJ.	EXEMPLOS

3. La Conjonction (A Conjunção)

A conjunção é uma palavra invariável que liga orações ou termos de uma oração. Divide-se em conjunções de coordenação e de subordinação.

3.1. Conjonctions de Coordination (Conjunções de Coordenação)

A conjunção de coordenação, conforme o nome indica, coordena palavras ou orações que têm as mesmas funções.

SENTIDO	CONJ.	EXEMPLOS
addition (adição) *alternative* (alternativa)	*et* (e) *ni* (nem)	*un bouquet de roses et de marguerites* (um buquê de rosas e de margaridas) *mes enfants et mes parents* (meus filhos e meus pais) *L'homme n'est ni ange ni bête* (O homem não é nem anjo nem animal)
alternance (alternância)	*ou* (ou) *ou bien* (ou então)	*Julie doit s'inscrire ou abandonner le cours.* Julie deve inscrever-se ou abandonar o curso. *Parlez plus fort ou bien taisez-vous.* Fale mais alto ou então cale-se.
Opposition (oposição)	*mais* (mas)	*Auguste est grand mais mince.* Auguste é alto mas magro. *Luc parle bien le français mais il ne connaît pas l'allemand.* Luc fala bem francês mas não conhece alemão. *Soyez ferme mais sympatique.* Seja firme mas simpático.

Explication (explicação)	*car* (pois)	*Jerôme est parti car il pleuvait.* Jerôme foi embora, **pois** estava chovendo.
Conclusion (conclusão) *Conséquence* (consequência)	*donc* (logo, (então, portanto)	*Je pense, donc, je suis.* Penso, **logo** existo. *Il est tard, donc, je pars.* É tarde, **portanto** vou embora.
Contraste (contraste)	*or* (ora)	*Or, c'était impossible d'arriver à l'heure.* Ora, era impossível chegar na hora.

Dependendo do contexto em que se encontra, a conjunção *et* pode assumir outros valores. Por exemplo:

• oposição:

> *Marc adore le théâtre et il n'a jamais le temps d'y aller.*
> Marc adora teatro **e** nunca tem tempo para ir.

• conseqüência:

> *Il a plu et Danielle n'a pas pu partir.*
> Choveu **e** Danielle não pôde ir embora.

3.2. Conjonctions de Subordination (Conjunções de Subordinação)

A conjunção de subordinação estabelece uma dependência entre os elementos que une, introduzindo sobretudo uma oração subordinada após uma oração principal.

SENTIDO	CONJUNÇÃO	EXEMPLOS
but (finalidade)	*afin que* (a fim de que) *pour, pour que* (para, para que)	*Il faut prendre des médicaments pour guérir.* É preciso tomar remédios **para** sarar. *Sylvie se réveille toujours tôt afin d'arriver à l'heure au bureau.*
	de peur que ou *de crainte de* (de medo que)	Sylvie sempre acorda cedo **a fim de** chegar na hora ao escritório. *Justine ne pense pas à ses problèmes pour que le temps passe plus vite.* Justine não pensa em seus problemas **para que** o tempo passe rápido.
cause (causa)	*car* (pois) *comme* (como) *parce que* (porque) *puisque* (já que) *du moment que* *dès lors que* (a partir do momento em que) *étant donné que* (considerando que, levando em consideração) *vu que* (visto que) *de (telle) manière que* *de (telle) sorte que* *de (telle) façon que*	*Je me suis levée car le réveil a sonné.* Eu me levantei, **pois** o despertador tocou. *Comme il y avait trop d'embouteillages, le directeur est arrivé en retard pour la réunion.* **Como** havia muitos engarrafamentos, o diretor chegou tarde para a reunião. *Julien est allé chez le médecin parce qu'il avait mal à la tête.* Julien foi ao médico porque estava com dor de cabeça. *Puisque Brigitte est partie en Europe, son poste est vacant.* **Já que** Brigitte foi para a

SENTIDO	CONJUNÇÃO	EXEMPLOS
	de (tal) forma que *d'autant (plus) que* ainda mais que *surtout que* (sobretudo que) *sous prétexte que* *non que* (não que)	Europa, seu cargo está vago. *Du moment que tu prends une décision, change d'attitude.* **A partir do momento em que** você toma uma decisão, mude de atitude. *Étant donné son mauvais travail, Émilie a assez bien réussi.* **Considerando** o seu trabalho ruim, até que Émilie saiu-se bastante bem. *Vu que son père est mort, Gabriel s'absentera quelques jours.* **Visto que** seu pai morreu, Gabriel se ausentará por uns dias. *Françoise cuisine de telle manière (ou de telle sorte ou de telle façon) qu'elle est la seule qui s'y met chez elle.* Françoise cozinha **de tal forma que ela** é a única que se põe a fazer isso na casa dela.
comparaison (comparação)	*comme* (como) *de même que* (da mesma forma, do mesmo modo que) *ainsi que* (assim como)	*Comme Valéry a fait pour son contrôle de maths, il faut que tu étudies pour l'examen de chimie.* **Como** Valéry fez para sua prova de matemática, é preciso que você estude para o exame de química.

SENTIDO	CONJUNÇÃO	EXEMPLOS
		De même que Léonore, tu vas réussir. **Da mesma forma** que Léonore, você será bem sucedido(a).
concession (concessão)	*bien que, quoique* (embora) *même si* (mesmo se) *alors que* ou *tandis que* (enquanto)[1] *tout ... que* (embora)	*Bien qu'Hélène soit malade, elle ne manque jamais au cours de piano.* **Embora** Hélène esteja doente, ela nunca falta à aula de piano. *Quoique Michelle ait eu la migraine hier après-midi, elle a travaillé normalement.* **Embora** Michelle estivesse com enxaqueca ontem à tarde, ela trabalhou normalmente. *Même si je suis épuisée, je poursuivrai ma tâche jusqu'au bout* **Mesmo se** estiver esgotada, prosseguirei minha tarefa até o fim. *Une partie de l'équipe s'a-muse **tandis que** (ou **alors que**) l'autre travaille.* Uma parte da equipe se diverte **enquanto** a outra tra-balha. *Toute terrifiée qu'elle était, Amélie y est allée quand même.* Embora assustada, Amélie foi

---

[1] Embora *alors que* e *tandis que* sejam classificadas como indicando tempo, em geral expressam também idéia de contraste ou oposição.

SENTIDO	CONJUNÇÃO	EXEMPLOS
condition ou hypothèse (condição ou hipótese)	si (se) pourvu que (contanto que) à condition que (com a condição de que) au cas où (caso)	Si j'avais assez d'argent, je partirais à l'étranger tous les ans. Se eu tivesse dinheiro, iria para o exterior todos os anos. Je passerai te chercher chez toi, pourvu qu'il ne pleuve pas. Passarei para apanhá-lo em sua casa, contanto que não chova. Je t'accompagne chez le médecin, à conditon que tu viennes me chercher à la maison. Eu acompanho você ao médico, com a condição de que você venha me pegar em casa. Au cas où Albert accepterait, dites à Alfred qu'il viendra samedi. Caso Albert aceite, diga a Alfred que ele virá no sábado.
conséquence (conseqüência)	si bien que, de sorte que (de modo que) tant que (enquanto) tellement que (tanto que)	Lucrèce n'avait plus de sucre chez elle, si bien qu'elle a décidé d'aller au super-marché. Lucrèce não tinha mais açúcar, de modo que decidiu ir au supermercado. André a travaillé comme un forcéné, de sorte qu'il réussira sans doute. André trabalhou como um louco, de modo que ele será sem dúvida bem-sucedido. Arnaud avait tant pleuré qu'il

SENTIDO	CONJUNÇÃO	EXEMPLOS
		avait les yeux gonflés. Arnaud tinha chorado tanto que estava com os olhos inchados. *Les Dupont ont **tellement** dépensé de l'argent **qu**'ils avaient une énorme dette.* Os Dupont gastaram tanto dinheiro que estavam com uma divida enorme.
temps **(tempo)**	*quand* ou *lorsque* (quando) *dès que* (desde que) *avant que* (antes que) *pendant que* (enquanto que) *après que* (depois que) *dès que* (desde que, a partir do momento em que) *aussitôt que* (assim que, logo que)	*Yvonne a l'habitude de prendre une douche le matin, **quand** elle se lève.* Yvonne tem o hábito de tomar uma ducha de manhã, **quando** se levanta. ***Lorsque** ce film sera sorti, j'irai le voir.* **Quando** este filme entrar em exibição, irei vê-lo. *Jouez avec vos enfants **avant qu**'ils ne soient trop grands.* Brinque com seus filhos **antes que** eles cresçam. *Essaie d'avancer tes devoirs, **pendant que** tu es en condition de le faire.* Tente avançar as suas tarefas **enquanto** você tem condições para fazê-lo. *Gustave et Suzanne feront un bilan **après que** (ou **aussitôt que**, ou **dès que**) le rapport sera achevé.* Gustave e Suzanne farão um balanço **depois que** (ou **logo que,** ou **assim que**) o relatório estiver terminado.

Observações:

• Há alguns advérbios que desempenham o papel de conjunções:

• oposição/concessão:

au contraire	*Laurent aime faire du ski. Florent, **au contraire**, adore la voile.* Laurent gosta de esquiar. Florent, **pelo contrário**, adora velejar.
cependant	*François aime les blondes. **Cependant**, Roland préfère les brunes.* François gosta das loiras. **Entretanto**, Roland prefere as morenas.
en contrepartie	*Les portugais ont perdu le dernier match de football. **En contrepartie**, ils ont remporté le championnat.* Os portugueses perderam a última partida de futebol. **Em contrapartida**, eles ganharam o campeonato.
en revanche	*C'était un très bon film. **En revanche**, il était trop long.* Era um filme muito bom. **Por outro lado**, era longo demais.
néanmoins	*Victoire est arrivée plus tard. **Néanmoins**, Valérie est partie plus tôt.* Victoire chegou mais tarde. **No entanto**, Valérie foi embora mais cedo.
par contre	*Cécile fait du droit civil. **Par contre**, Chantal fait du droit international.* Cécile faz direito civil. **Por outro lado**, Chantal faz direito internacional.
pourtant	*Antoine adore le marché aux puces. **Pourtant**, il n'y va jamais.* Antoine adora o mercado de pulgas. **No entanto**, ele nunca vai.

| toutefois | Le taux de bilinguisme est grand au Québec. **Toutefois**, il n'a pas augmenté les dernières années. A taxa de bilingüismo é grande no Quebec. **Todavia**, não aumentou nos últimos anos. |

• **conseqüência:**

ainsi	Claude devait prendre l'avion à 17 heures. **Ainsi**, il est parti de chez lui trois heures en avance. Claude devia pegar o avião às 17 horas. **Assim**, ele saiu de casa três horas antes.
alors	Lara était très fatiguée. **Alors** elle est rentrée plus tôt. Lara estava muito cansada. **Então** ela voltou mais cedo.
c'est pourquoi	Le couteau était trop aiguisé. **C'est pourquoi** maman s'est blessée. A faca estava afiada demais. **Foi por isso que** mamãe se machucou.
par conséquent tant ... que tellement ... que	Il a plu tout l'après-midi. **Par conséquent**, il y aura des embouteillages au centre ville. Choveu toda a tarde. **Em conseqüência**, haverá engarrafamentos no centro da cidade. Le directeur a **tant** parlé de nouvelles orientations, **que** les employés ont dû changer d'attitude. O diretor falou **tanto** de novas orientações **que** os empregados tiveram que mudar de atitude. Énide était **tellement** enthousiaste de la course à pied **qu**'elle courait tous les jours. Énide estava **tão** entusiasmada **que** ia correr todos os dias.

• **alternância:**

soit ... soit (seja ... seja)	**Soit** *vous me payez en espèces,* **soit** *par chèque.* **Ou** você me paga em dinheiro **ou** com um cheque. *Vous pouvez sortir* **soit** *par ici,* **soit** *par là.* O senhor pode sair **seja** por aqui, **seja** por ali.
tantôt ... *tantôt* (ora ... ora)	**Tantôt** *il lui fait du bien,* **tantôt** *il lui fait du mal.* **Ora** ele lhe faz bem, **ora** lhe faz mal.

PARTICULARIDADE:

• *c'est-à-dire* é uma locução conjuntiva que introduz uma retificação ou anuncia uma equivalência de sentido, traduzindo-se por **isto é:**

> *Cléopatre,* **c'est-à-dire**, *la reine de l'Egypte.*
> Cleópatra, **isto é**, a rainha do Egito.

• *à savoir* é uma locução conjuntiva de coordenação que também se traduz por **isto é** (ou: **a saber**):

> *Le grand réseau mondial,* **à savoir**, *l'Internet.*
> A grande rede mundial, **isto é**, a Internet.

4. L'interjection (A Interjeição)

A interjeição é uma palavra invariável que serve para expressar uma emoção, uma ordem ou um ruído. Ela não tem relação com as outras palavras da frase e é sempre seguida por um ponto de exclamação:

> *Oh!* Le magnifique tableau!
> **Oh!** Que quadro magnífico!

> *Hé!* Vous, là-bas, approchez!
> **Ei,** você ai, venha!

> *Et **patatras!*** Le voilà à terre.
> E **bum,** ei-lo por terra!

1) Alguns exemplos de interjeições:

sentido	interjeição
admiração:	*ah!*; *eh!*; *oh!*
alívio:	*ouf!*
aprovação:	*bravo!*
chamado:	*eh!*; *hé! ho!*; *holà!*; *hé!*; *pstt!*
dor:	*aïe!*
dúvida:	*bah!*
hesitação:	*heu!*
medo:	*oh!*
aviso:	*gare!*
repugnância:	*pouah!*; *beurk!*
silêncio:	*chut!*
surpresa, alegria:	*ah!*
surpresa:	*oh!*
tristeza:	*hélas!*

2) Palavras que acidentalmente formam interjeições:

sentido:	interjeição
chamada:	*alerte!*; *allons!*; *allez!*
encorajar:	*courage! allez!*

3) Onomatopéias que reproduzem certos ruídos:

pan!; *vlan!*; *clic!*; *clac!*; *patatras!*; *pif!*; *paf!*; *cric!*; *crac!*;
bang

APPENDICE
(APÊNDICE)

I. *ALPHABET* (ALFABETO)

No alfabeto francês há 26 letras, divididas em seis vogais e vinte consoantes:

As seis vogais são: a, e, i, o, u, y.

As vinte consoantes são: b, c, d, f, g, h, j, k, l, m, n, p, q, r, s, t, v, w, x, z.

Nas ocasiões em que se deseja soletrar as letras de uma palavra, como em ligações telefônicas, usa-se, em geral, o seguinte alfabeto:

A: Anatole
B: Berthe
C: Célestin
D: Désirée
E: Eugène (É: Émile)
F: François
G: Gaston
H: Henri
I: Irma
J: Joseph
K: Kléber
L: Louis
M: Marcel
N: Nicolas

O: Oscar
P: Pierre
Q: Quentin
R: Raoul
S: Suzanne
T: Thérèse
U: Ursule
V: Victor
W: William
X: Xavier
Y: Yvonne
Z: Zoé

Nesse caso, em francês, usa-se a preposição "*comme*", enquanto em português usa-se a preposição "de": **A** de América, **B** de Brasil ou **B** de bola, *A comme* Anatole, *B comme* Berthe, etc.

II. PONCTUATION (PONTUAÇÃO)

Há três acentos diferentes na escrita francesa: o acento agudo (´), o acento grave (`), e o acento circunflexo (^).
O acento agudo é colocado sobre **e** para indicar um som fechado: café, bonté, vérité, épée.
O acento grave é colocado sobre o **e** para indicar um som aberto: père, mère, frère. Mas raramente ele é utilizado sobre outras vogais, como o **a** e o **u**: voilà, déjà, où. Pode-se caracterizar também como um acento diferencial:

COM ACENTO	SEM ACENTO
à = preposição	**a** = verbo
où = pronome relativo	**ou** = conjunção
là = advérbio	**la** = artigo ou pronome

O acento circunflexo é colocado sobre uma vogal longa: *pâle, bête, huître, pôle, bûche,* e indica geralmente que houve a supressão de uma letra na evolução da língua:

aage => âge
maistre => maître
mesme => même

A cedilha (,) é colocada sob um **c** para indicar que há um som sibilante antes de **a**, **o**, **u**:

> *lança*
> *maçon*
> *reçu*

O trema (¨) é colocado sobre uma vogal para indicar que ela deve ser pronunciada:

> *Moïse*
> *Esaü*
> *aiguë*
> *naïve*

O apóstrofo (') indica que uma vogal foi suprimida ao final de uma palavra antes de uma outra palavra começando por uma vogal ou por um **h** mudo:

> *l'écolier*
> *l'homme*
> *l'église*

Emprega-se o apóstrofo com:
- as palavras *le*, *la*, *je*, *me*, *te*, *se*, *de*, *ne*, *que*: *l'ami*, *j'aime*, *d'être*;

- a palavra *ce* diante de: *est, était, étaient: c'est, c'était, c'étaient*;
- as palavras *lorsque, puisque, quoique* antes de *il, elle, on, un, une*;
- a palavra *si* diante de *il* et *ils: s'il, s'ils*;
- a palavra *quelque* diante de *un, une: quelqu'un, quelqu'une*;
- as palavras *entre* e *presque*, quando fazem parte de uma palavra composta: *entr'acte, presqu'île*.

> *Puisqu'il est arrivé, la réunion va commencer.*
> Já que ele chegou, a reunião vai começar.

> *Quelqu'un sait où est l'issue?*
> Alguém sabe onde fica a saída?

> *Paul Edouard est là. S'il veut, il ira avec nous.*
> Paul Edouard está aí. Se ele quiser, irá conosco.

> *Anne-Marie est là. Si elle veut, elle ira avec nous.*
> Anne-Marie está aí. Se ela quiser, irá conosco.

O hífen (-) é utilizado para reunir duas ou várias partes de uma palavra ou de uma expressão composta: **grand-père, arc-en-ciel, aime-t-il**?

> Os sinais de pontuação em francês são:
> *le point*: o ponto: (.)
> *le point d'interrogation*: o ponto de interrogação: (?)
> *le point d'exclamation*: o ponto de exclamação: (!)
> *les deux points*: os dois pontos: (:)
> *la virgule*: a vírgula: (,)
> *le point virgule*: o ponto e vírgula: (;)
> *le tiret*: o travessão: (–)
> *le trait d'union*: o hífen (-)
> *les parenthèses*: os parênteses: ( )

les guillemets: as aspas (" ")
les points de suspension: as reticências (...)
les crochets: os colchetes ([   ])
l'astérisque: o asterisco (*)

III. EXPRESSIONS ET PROVERBES (EXPRESSÕES E PROVÉRBIOS)

À petites causes, grands effets.
Para pequenas causas, grandes efeitos.

Aide-toi, le ciel t'aidera.
Ajude Deus e Deus te ajudará.

Aimer c'est regarder ensemble dans la même direction (Antoine de Saint-Exupéry).
Amar é olhar juntos na mesma direção.

Après la pluie, le beau temps.
Depois da tempestade, a bonança.

C'est la goutte d'eau qui a fait déborder le vase.
Foi a gota d'água que fez transbordar o vaso.

Celui qui veut, celui-là peut.
Querer é poder.

Chercher midi à quatorze heures.
Procurar pêlo em ovo.

Il n'y a pas de fumée sans feu.
Onde tem fumaça tem fogo.

Il n'y a pire sourd que celui qui ne veut pas entendre.
O pior surdo é o que não quer ouvir.

Il vaut mieux être seul qu'en mauvaise compagnie.
Antes só do que mal acompanhado.

L'union fait la force.
A união faz a força.

La nuit porte conseil.
A noite é boa conselheira.

Mettre le doigt sur la plaie.
Colocar o dedo na ferida.

Ne remets pas à demain ce que tu peux faire aujourd'hui.
Não deixe para amanhã o que pode ser feito hoje.

Paris n'a pas été bâti en un jour.
Paris não foi construída em um dia.

Petit à petit, l'oiseau fait son nid.
De grão em grão a galinha enche o papo.

Mieux vaut que jamais!
Antes tarde do que nunca.

Qui ne risque rien n'a rien.
Quem não arrisca não petisca.

Tel qui rit vendredi dimanche pleurera.
Quem ri por último ri melhor.

Un homme averti en vaut deux.
Um homem prevenido vale por dois.

IV. QUI OU QUE?

**Quadro apontando o uso simultâneo *qui* e *que*:
dos pronomes relativos e interrogativos:**

PRON. INT.		PRON. REL		TRADUÇÃO
QUI (pessoas)	est-ce	**QUI** (sujeito)	est là?	**Quem** está aí?
QU' (coisas)	est-ce	**QUI** (sujeito)	t'arrive?	**O que** está acontecendo com você?
QUI (pessoas)	est-ce	**QUE** (obj.direto)	tu as vu hier soir?	**Quem** você viu ontem à noite?
QU' (coisas)	est-ce	**QUE** (obj. direto)	tu fais là?	**O que** você está fazendo aí?

V. H ASPIRÉ

Palavras começadas por *h aspiré* (h aspirado) mais usadas:

la hache (o machado)
la haine (o ódio)
le hâle (o bronzeado)
le hall (o *hall*)
la halle (o mercado)
le hamac (a rede)
le hamster (o hamster)
le hand-ball(o handebol)
le handicap (a deficiência)
le hangar (o hangar)
le hara-kiri (o haraquiri)
le harcèlement (o assédio)
le hardi (o corajoso)
le harem (o harém)
le hareng (o arenque)
le haricot (o feijão)
la harpe (a harpa)

le harpon (o arpão)
le hasard (o acaso)
la hâte (a pressa)
la hausse (o aumento)
le haut (a parte de cima)
la hautesse (a Alteza)
le havane (o charuto havana)
le havre (pequeno porto bem abrigado)
le héraut (o mensageiro)
le héros (o herói)
le hibou (a coruja)
la hiérarchie (a hierarquia)
le hockey (o hóquei)
la Hollande (a Holanda)
le homard (o lagostim)
la Hongrie (a Hungria)
la honte (a vergonha)
le hoquet (o soluço)
le huguenot (o huguenote)
huis clos (tribunal que faz julgamento a portas fechadas)
le huit (o oito)
la hutte (a cabana, a choupana)

VI. *ABRÉVIATIONS* (ABREVIAÇÕES)

Desde o século XIX tem-se acentuado a tendência da língua falada de abreviar palavras muito longas. Esse fenômeno ocorre com nomes de empresas, associações, grupos em geral, etc. Isso pode acontecer:

• pela mutilação de palavras compostas, usando-se apenas as suas iniciais:

CAPES (*Certificat d'aptitude pédagogique à l'enseignement secondaire*)
CGT (*Confédération générale du travail*)
HLM (*Habitation à loyer modéré*)
OVNI (*objet volant non identifié*)
PCF (*Parti communiste français*)
PDG (*président directeur général*)
PTT (*Postes, télégraphes, téléphones*)
RATP (*Régie autonome des transports parisiens*)
RER (*Réseau express régional*)
SDF (*sans domicile fixe*)
SIDA (*Syndrome d'immunodéficience acquise*)
SMIC (*salaire minimum interprofessionnel de croissance*)
SNCF (*Société nationale de chemins de fer français*)
URSS (*Union des républiques socialistes soviétiques*)

A pronúncia pode ocorrer por sílabas ou por letras:
SIDA - SI - DA
CAPES - CA - PES
URSS - U - R - S - S
HLM - H - L - M

• pela supressão das primeiras ou das últimas sílabas das palavras:

	DIZ-SE		EM VEZ DE
	auto		*automobile*
	bus		*autobus*
	fac		*faculté*
	manif		*manifestation*
	maths		*mathématiques*
	métro		*métropolitain*
	récré		*récréation*
	restau "u"		*restaurant universitaire*
	télé		*télévision*

*Je prends toujours le **bus** pour aller au **restau u** de la **fac** quand il y a des **manifs**.*

Eu sempre pego o **ônibus** para ir ao **restaurante universitário** da **faculdade** quando há **manifestações**.

VII. EMPLOI DES MAJUSCULES (EMPREGO DAS MAIÚSCULAS)

Coloca-se letra maiúscula:

1. na primeira palavra de qualquer frase, citada ou não, no discurso direto ou indireto:

> *Évelyne a dit: "Je ne viendrai plus jamais ici".*
> Évelyne disse: "Eu não virei nunca mais aqui".

2. após pontos de interrogação, de exclamação ou reticências, quando estiverem indicando o término da frase:

> *Ah! mon Dieu! Qu'a-t-elle fait maintenant?*
> Ah, meu Deus! O que é que ela fez agora?

3. em nomes próprios em geral, inclusive quando compõem os nomes de ruas, avenidas monumentos, navios, etc:

> *Joachim, Molière, l'Afrique, la Saône, le Luxembourg, le Parc Monceau, les Tuilleries, le Titanic, le Potenkin*

4. em nomes de divindades mitológicas e coisas ou abstrações personificadas pela poesia ou pela mitologia, assim como nomes de estrelas, constelações ou planetas:

> *Poséidon, Saturne, Vénus, Pégase, la Terre, la Voie Lactée*

5. em nomes próprios de povos, famílias ou dinastias:

> *les Gaulois, un Canadien, les Anglo-Saxons, les Carolingiens*

6. em nomes de festas populares ou dias santificados:

> *La Toussaint, Noël, Pâques*

7. em nomes de quadros, poesias, esculturas e obras de arte em geral:

> *la Porte de l'Enfer, le David, la Joconde, la Pietà, les Tournesols*

8. nos títulos honoríficos:

> *Sa Majesté, Son Excellence*

9. nos nomes próprios de sociedades religiosas, políticas, científicas, ordens de cavalaria, etc.:

> *l'Église, l'Institut de France, la Chambre des députés, le Sénat, l'Université catholique de Paris, la Faculté de Lettres, la Légion d'honneur*

10. os pontos cardeais, quando designando um território (ou, em sentido figurado, um povo) de uma região, de um país ou de um conjunto de países, são empregados sem complemento, determinando o lugar:

> *Les peuples de l'Occident.*
> Os povos do Ocidente.

> *Les capitales du Nord.*
> As capitais do Norte.

Pierre a des propriétés dans le Midi.
Pierre tem propriedades no Sul.

Os **adjetivos** são escritos em maiúsculas quando:

1. estão ligados aos substantivos, compondo uma única palavra:
   Arabie-Saoudite, Grande-Bretagne, États-Unis, Pays-Bas, la Comédie-Française
   Arábia-Saudita, Grã-Bretanha, Estados Unidos, Países Baixos, a *Comédie-Française*

2. fizerem parte de um nome próprio, precedendo o substantivo:
   La Divine Comédie
   A Divina Comédia

3. quando fizerem parte de um termo geográfico:
   la mer Méditérranée, l'océan Pacifique, le mont Blanc, le golfe Persique
   o mar Mediterrâneo, o oceano Pacífico, o monte Branco, o golfo Pérsico

Escreve-se o adjetivo *saint* (santo) com maiúscula quando se trata de uma localidade, uma festa, uma rua, etc. Mas no nome do próprio santo essa palavra vem grafada em minúsculas:

mort à Saint-Cloud, la rue Saint-Paul, la Saint-Nicolas
morto em Saint-Cloud, a rua São Paulo, a festa de São Nicolau

le supplice de saint-Pierre
o suplício de São Pedro

BIBLIOGRAPHIE
(BIBLIOGRAFIA)

ABBADIE, Ch., CHOVELON, B., MORSEL, M.-H. (1988) *L'Expression française écrite et orale*. Grenoble: Presses Universitaires de Grenoble.

BECHARA, E. (1980) *Moderna Gramática Portuguesa*. São Paulo: Companhia Editora Nacional. 25.ª ed.

BENAMOU, M., CARDUNER, J. (1974) *Le Moulin à paroles*. Paris: Hachette.

BESCHERELLE 1 (1990) *Dictionnaire de douze mille verbes*. Paris: Hatier. Nouvelle édition remise à jour.

BONNARD, H. (1987) *Code du français courant*. Paris: Magnard.

BRITTO, M. M. J. de, GREGORIN, C. O. (1995) *Michaelis S.O.S. Inglês*. São Paulo: Melhoramentos.

CAYOL, M. (1988) *Comment dire? Raisonner à la française -* étude des articulations logiques. Paris: CLÉ International.

CHERDON *et alii* (1991) *Guide du verbe français*. Bruxelles, Paris: Louvain-La-Neuve, De Boeck/Duculot.

CUNHA, C. (1980) *Gramática do Português Contemporâneo*. Rio de Janeiro: Padrão - Livraria Editora Ltda. 8.ª edição.

DUBOIS, J. (1965) *Grammaire structurale du français: nom et pronom*. Paris: Larousse.

DUBOIS, J., JOUANNON, G. (1956) *Grammaire et exercices de français*. Paris: Librairie Larousse.

DUBOIS, J., LAGANE, R., (1995) *Larousse Livres de Bord*. Paris: Librairie Larousse.

DUBOIS, J., LAGANE, R., MAREUIL, A. (1976) *La nouvelle grammaire de base pour le secondaire*. Librairie Larousse (Canada) 3.ª édition.

FILPA-EKVALL, D., PROUILLAC, F. (1988) *Vocabulaire illustré 1*. Paris: Hachette.

FILPA-EKVALL, D., PROUILLAC, F., WATCYN-JONES, P. (1988) *Vocabulaire illustré 2*. Paris: Hachette.

GRÉGOIRE, M., THIÉVENAZ, O. (1995) *Grammaire progressive du Français*. Paris: CLÉ International.

GREGORIM, C. O. (1996) *S.O.S. Português - Guia Prático de Gramática*. São Paulo, Melhoramentos.

GRÉVISSE, M. (1980) *Le bon usage* - Grammaire française avec des remarques sur la langue française d'aujourd'hui. Paris-Gembloux: Éditions Duculot. 11ᵉ édition.

GRÉVISSE, M. (s/d) *Précis de grammaire française*. Gembloux: Éditions J. Duculot, S.A. 27ᵉédition.

JOB, B., MIS, B., PISSAVY, A. M. (1986) *Comment dire? Grammaire simplifiée*. Paris: Clé International.

LA GRAMMAIRE POUR TOUS — Le Nouveau Bescherelle 3 (1984). Paris: Hatier.

LASSERRE, E. (1959) *Est-ce à ou de?* - Exercices. Paris: Payot-Lausanne.

LASSERRE, E. (1959) *Est-ce à ou de?* - Répertoire. Paris: Payot-Lausanne.

MAUGER, G. (1968) *Grammaire pratique du français d'aujourd'hui*. Paris: Hachette.

MENDES DE ALMEIDA, N. (1995) *Gramática Metódica da Língua Portuguesa*. São Paulo: Editora Saraiva. 40ª edição.

MONNERIE, A. (1987) *Le Français au Présent - Grammaire F.L.E.* Paris: Les Editions Didier.

OLIVEIRA, C. de (1954) *Grammaire française élémentaire*. São Paulo: Edição Saraiva. 4ᵉ édition.

RYAN, M. A. (1991) *Conjugação dos Verbos em Português*. São Paulo: Editora Ática. 8.ª edição.

SOUCHÉ, A. (1957) *La Grammaire nouvelle et le français*. Paris: Fernand Nathan Éditeur. 18ᵉ édition.

VEIGA, C. (s/d) *Gramática Nova do Francês*. São Paulo: Editora do Brasil S/A.

INDEX ALPHABÉTIQUE
(ÍNDICE REMISSIVO)